Naturwissenschaftliche Texte
bei Kindler

herausgegeben von
Fritz Krafft

Charles Darwin

Essay zur Entstehung der Arten

Mit einer Einführung herausgegeben von Heribert M. Nobis

verlegt bei Kindler

Redaktion: Werner Heilmann
Korrekturen: Dieter Lang
Umschlaggestaltung: H. Numberger
Druck: Frühmorgen & Holzmann, München
Bindearbeiten: Conzella, München
Printed in Germany
ISBN 3 463 00492 5

Einführung

Darwins »Erster Entwurf zur Entstehung der Arten«
Ideengeschichtliche Hintergründe, methodologische Voraussetzungen, gesellschaftspolitische Folgen

Darwins grundlegendes Werk trägt den Titel »Die Entstehung der Arten« (1)*. Die Absicht Darwins ist es, darin ein allgemeines Naturgesetz aufzuzeigen, das der Artenentwicklung zugrunde liegen soll. Ausgangspunkt seiner Darlegungen bilden züchterische Erfahrungen mit verschiedenen Haustierrassen. Diejenigen Individuen, die zufällig ein oder mehrere Variationsmerkmale aufweisen, durch welche sie sich den übrigen Artgenossen in der Umweltanpassung als überlegen erweisen, überleben im Kampf ums Dasein, während die anderen aussterben. Indem nun diese selektiv günstigen Variationsmerkmale sich im Erbgang erhalten, wird auf solche Weise die ganze Art auf eine höhere Entwicklungsstufe gehoben. Unter Art verstand Darwin dabei keine typenfeste Form oder Formgruppe mehr, sondern als artverschieden galten ihm Individuen, die nicht miteinander kreuzungsfähig sind (2). Diese Grundkonzeption findet sich aber nicht erst in »The origin of species«, sondern bereits in Darwins erstem Entwurf dazu aus dem Jahre 1842. In ihm tritt auch schon deutlich jene empirische Grundlage zutage, durch welche Darwin die spekulativen Ideen von einer Artenentwicklung bei seinen Vorgängern zu einer naturwissenschaftlichen Theorie entwickelt: die Erfahrungen, die er bei der Domestikation und Zucht von Haustierrassen gewonnen hatte, sowie die Beobachtungen, die er bei seinen Reisen über die geographische Verbreitung von Tierrassen in der freien Wildbahn machen konnte.

Es ist hier nicht beabsichtigt, die Lehre des Darwinismus von neuem darzulegen und dazu im einzelnen Stellung zu

---

* Siehe »Anmerkungen« S. 28.

nehmen. Es sollen vielmehr die ideengeschichtlichen Hintergründe aufgedeckt werden, die sich bereits im ersten Entwurf zeigen und die zum Verständnis der methodologischen Voraussetzungen dienen, welche bei Darwin von Anfang an klar zum Ausdruck kommen. Auch die gesellschaftspolitischen Folgen des Darwinismus, die bereits in einigen Elementen in diesem Urmanuskript erkennbar sind, finden ebenfalls von diesen Hintergründen her eine Erklärung. Bereits seit dem 19. Jahrhundert ist darüber gestritten worden, wann Darwin zuerst auf den Gedanken einer Artenentwicklung durch Selektion der Variationsmerkmale gekommen sei. Dabei wurde allgemein der zweite Teil seiner Forschungsreise, etwa vom Jahre 1835 ab, als der Zeitpunkt erster Überlegungen, das Jahr 1839 als dasjenige seiner endgültigen Überzeugungen angenommen (3). Das Datum des ersten Entwurfes zu seinem späteren Hauptwerk kann man Darwins Autobiographie entnehmen. Dort findet sich nämlich die Bemerkung: »Im Juni 1842 gestattete ich mir zum ersten Male die Befriedigung, einen ganz kurzen Abriß meiner Theorie, 35 Seiten lang, mit Bleistift niederzuschreiben« (4). Sein Sohn Francis Darwin, der diesen ersten Entwurf, zusammen mit einer späteren Erweiterung von Darwins Hand aus dem Jahre 1844, unter dem Titel »Die Fundamente zur Entstehung der Arten« herausgab (5), entdeckte das Urmanuskript des epochemachenden Werkes »The origin of species« von Darwin nach dem Tode seiner Mutter im Jahre 1896 in einem Verschlag unter der Kellertreppe (6).

Dieser erste Entwurf von 1842 war jedoch schwer lesbar, da Darwin hier mit einem weichen Bleistift auf schlechtem Papier geschrieben hatte. Seine Sparsamkeit ließ ihn teilweise auch die Rückseite dieser Blätter benutzen. Auf ihr finden sich Sätze, die offenbar zur Einschaltung in den Text der vorderen Seite bestimmt waren und von Francis Darwin so weit wie möglich auch an den entsprechenden Stellen eingefügt wurden. Das Manuskript macht im übrigen auch äußerlich den Eindruck eines ersten Entwurfes. Darauf deutet der fragmentarische Stil, oft ohne Artikel, und die lose Verknüpfung der Sätze, die nicht selten unlogisch gebaut sind. Hinzu kommen undeutliche Kürzel von Wortendungen sowie Radierungen und Einfügungen. Im Ganzen macht das Urmanuskript Darwins den Eindruck einer flüchtigen Niederschrift von Gedanken, die als solche nicht noch einmal sorgfältig durchgelesen wurden.

Es kam außerdem ein kleines Paket ans Tageslicht mit 13 Manuskriptseiten, auf dessen Außenblatt die Bemerkung stand: »Erste Bleistiftskizze zur Speciestheorie geschrieben in Maer und Shrewsbury während der Monate Mai und Juni 1842«. Es handelte sich aber nur um ein Kapitel unter der Überschrift: »Das Prinzip der Variation bei domestizierten Organismen«. In Bleistift ist eine Seite ohne Numerierung geschrieben mit einer Skizze von geologischen Zeugnissen für die Entwicklungslehre sowie verschiedenen Stichworten wie Verwandtschaft, Einheitlichkeit der Typen, Totalzustand, Abortivorgane etc. Gekennzeichnet ist diese Seite außerdem mit den Worten »Maer Mai 1842, wertlos«. Die Seite war als Einleitung gedacht. Rückwärts findet sich nun die Skizze des ersten Anfanges von 1842 durch die Angabe der Titel von drei Kapiteln:

I. Die Prinzipien der Variation bei domestizierten Organismen.

II. Die mögliche und wahrscheinliche Anwendung dieses gleichen Prinzips auf wilde Tiere und folglich die mögliche und wahrscheinliche Erzeugung wilder Rassen, analog den zahmen Rassen bei Pflanzen und Vögeln.

III. Die Gründe für und wider die Annahme, daß solche Rassen wirklich erzeugt worden sind und dasjenige bilden, was als Art bezeichnet wird (7).

Vergleicht man die Skizze des Urmanuskriptes mit diesem selbst, so zeigt sich darin der eigentliche Denkweg Darwins. Zunächst sucht er nach den Prinzipien, die seine Erfahrungen bei der Variation domestizierter Organismen erklären. In diesem Punkt stimmt die Urskizze mit dem Urmanuskript überein. Der nächste Gedanke ist nun die Frage, ob sich solche Prinzipien auch auf die Tiere und Pflanzen der freien Wildbahn anwenden lassen, ob es also eine Analogie zwischen künstlicher Rassenzucht und natürlicher Rassenentstehung gibt. Dabei war zunächst die Möglichkeit, sodann die Wahrscheinlichkeit einer Anwendbarkeit darzutun. In einem dritten Denkschritt will Darwin schließlich die Gründe erwägen, die sich anführen lassen, daß erstens in der Natur solche Rassen wirklich erzeugt worden sind, und zweitens, daß das Erzeugte als Art bezeichnet werden kann.

Das Darstellungsschema, welches Darwin in seinem ersten Entwurf zur Entstehung der Arten, dem Urmanuskript des späteren Hauptwerkes selbst, anwendet, unterscheidet nur zwei Teile. Ein erster, der über die Variationen handelt und diese sowohl in der Domestikation, wie in der Natur betrachtet. Dabei stehen die sogenannten natürlichen Mittel der Zuchtwahl mit den Prinzipien der künstlichen Zuchtwahl in Analogie. In einem dritten Punkt dieses ersten Teiles werden schließlich noch Variationsmöglichkeiten bei Instinkten und sogenannten geistigen Eigenschaften behandelt. Gegenstand des zweiten Teiles ist die Artenentwicklung der Organismen selbst bzw. die Argumente, die für eine solche sprechen. Diese Argumente ordnet er nach fünf logischen Gesichtspunkten an: Zeit, Raum, Gestalt, Übereinstimmung und Nichtübereinstimmung, d. h. er verwendet Kategorien der Bezüglichkeit. Die Tatsache, daß er auf mehreren Wegen, und zwar auf einem paleologischen, einem chronologischen, einem taxologischen und einem anatomischen Wege, den Beweis der Abstammung zu bringen versucht, zeigt an, daß er diesen Beweis selbst nur als Indizienbeweis gewertet hat, als solchen also, dem nur empirische, keine logische Gewißheit zukommt. Dies hat man später oft außer acht gelassen. Dem entspricht aber auch die nochmalige Frage »Welches sind nun die Zeugnisse für, welches gegen sie (d. h. die Abstammungshypothese)?« (8)

Über diesen zweiten Teil im Ganzen schreibt Darwin selbst in seiner späteren erweiterten Fassung dieses Urmanuskriptes von 1842: »Der zweite Teil des Werkes ist der Betrachtung gewidmet, inwieweit die allgemeine Ökonomie der Natur diese Annahme rechtfertigt oder widerlegt, daß verwandte Gattungen und Arten aus jenen Stämmen hervorgegangen sind« (9). Der letzte Beweisgrund, den Darwin also durch seine vierfache Beweisführung ansteuert, ist die Übereinstimmung seiner Hypothese mit der »allgemeinen Ökonomie der Natur«, einem Begriff, der uns heute wohl fremd geworden ist, der aber noch im 18. Jahrhundert auch in der exakten Naturwissenschaft eine Rolle spielte und auf den wir am Schluß noch einmal zurückkommen werden (10).

Die Zweiteilung des Urmanuskriptes zeigt bereits die beiden Hauptbestandteile der Darwinschen Lehre ohne alles spätere Beiwerk an, die sowohl bei ihren Anhängern wie bei ihren Gegnern von Anfang an klar geschieden wurden: Der erste Teil enthält die Lehre von der natürlichen Selektion, d. h. der Entstehung von Lebewesen durch das Prinzip der Variabilität unter Ausmerzung der Organismen, die sich im Kampf ums Dasein nicht anpassen und die nach der Regel der Wahrscheinlichkeit zugrunde gehen, der zweite Teil die Lehre von der Abstammung der Lebewesen, indem ihre Vielgestaltigkeit auf ihre Geschichte zurückgeführt und ihre Herkunft von einfachen Organismen über Zwischenstufen behauptet wird. Zeitlichkeit und Wahrscheinlichkeit sind also die beiden Kategorien, welche dieser These zugrunde liegen, und ihnen verdankt sie auch ihre Überzeugungskraft. Die Kategorie der Zeitlichkeit war gegeben durch den Entwicklungs- und Fortschrittsgedanken, hinter dem wiederum die Idee der Kontinuität stand. Die Wahrscheinlichkeit, die mit der Selektion verbunden ist, unterwirft das Lebendige einer mechanischen Kausalität, indem die sich von selbst ergebende Auslese zufälliger Treffer nach den Regeln der Statistik erfolgt.

Den Beweisgang im ersten Entwurf zur Entstehung der Arten skizziert Darwin am Schluß des ersten Teiles. Er formuliert ihn deutlich in der Form eines hypothetischen Urteils, der Form also, die allen naturwissenschaftlichen Aussagen zugrunde liegt: wenn A, dann B. Drei positive empirische Prämissen und eine negative theoretische Bedingung stellen die Voraussetzungen dar, unter denen seine Behauptung, daß »gelegentlich Rassen entstehen, die sich von den elterlichen Rassen unterscheiden«, richtig sind. Die empirischen Prämissen sind: die Variation der Organismen sowohl unter der Domestikation wie in der freien Wildbahn, die Neigung zur Vererbung solcher Variationen, die Selektion als Effekt einer Improportionalität zwischen vorhandener Nahrung und biologischer Reproduktion und schließlich die wechselnden äußeren Lebensbedingungen durch erdgeschichtliche und klimatische Veränderungen. Die negativ-theoretische Prämisse ist, daß kein Gesetz existieren darf, durch welches »die Summe möglicher Variation bald erreicht sei«, d. h. die Variationsdifferenz auf einen bestimmten Wert hin konvergiert. Darwin hält es zumindest »für unmöglich, zu behaupten, daß wir die Grenzen der Variationsmöglichkeiten kennen«, glaubt aber darüber hinaus, daß eine solche Annahme sich »in direktem Widerspruch zu den bekannten Tatsachen« befinden würde.

Um nun aber die auf solche Weise erklärte mögliche Entstehung einer Rasse, die sich von ihrer elterlichen unterscheidet, als Beweiselement für die Artenentstehung werten zu können, ist noch ein zweites notwendig: Darwin muß aufzeigen, wann solche Rassen als Arten bezeichnet werden können. Dafür nennt er zwei Kriterien. Erstens die gegenseitige Unfruchtbarkeit, und zweitens die spezifische Angepaßtheit an die äußere Natur und die Biozönose: »Solche Rassen würden dann den Wert von Arten besitzen«. Dabei ist eine bestimmte erkenntnistheoretische Voraussetzung hinsichtlich des Artbegriffes gemacht, auf welche wir noch zurückkommen werden. Vorher wollen wir aber erst noch den ideengeschichtlichen Hintergrund beleuchten, von welchem her auch die methodischen Voraussetzungen der Darwinschen Theorie, ja sogar die gesellschaftspolitischen Folgen, die sie zeitigte, erst recht verständlich werden.

Der Entwicklungsgedanke, welcher der Lehre Darwins zugrunde liegt, war nicht erst von ihm ausgesprochen. Charles Darwin hatte vielmehr ein Programm durchgeführt, welches von seinem Großvater bereits entworfen worden war. Aber auch dieser griff darin nur Ideen auf, die im Denkklima des ausgehenden 18. Jahrhunderts zur Bewußtseinseinstellung der damaligen Naturphilosophen gehörten. Die Entwicklungslehre des 18. Jahrhunderts hatte sich aus der noch älteren Lehre von der Präformation entwickelt, die ihrerseits eine Antwort auf spezifische Probleme gewesen war, welche vor allem die mikroskopischen Entdeckungen des 17. und 18. Jahrhunderts der Naturforschung aufgegeben hatten. Sie hing mit dem Kontinuumsgedanken zusammen. Obwohl für Leibniz und noch für Kant das Kontinuum in der lebendigen Natur eine rein spekulative Idee darstellte, die aus dem damaligen empirischen Erfahrungshorizont nicht verifizierbar erschien (11), war Leibniz doch bereits durchdrungen von der »zwingenden Kraft« des Kontinuitätsprinzips, so daß er – wie er selbst sagt – nicht erstaunt gewesen wäre über die Entdeckung von Zwischenwesen, die »vielleicht der Naturgeschichte eines Tages gelingen wird, aufzufinden« und die nur wegen ihrer Winzigkeit schwer zu entdecken seien (12). Bei Leibniz stand die Kontinuitätsidee mit seinem Ovolismus in Zusammenhang, den er im Anschluß an die vorherrschende biologische Theorie seiner Zeit, den Präformismus, vertrat, und den er sogar als empirischen Beweis für die Richtigkeit seiner Monadenlehre ansah. Wie die Monaden als metaphysische Korrelate der mathematischen Differenziale angesehen werden konnten, so glaubte Leibniz auch, daß die organischen Keime einer lebendigen Art, ursprünglich ein unendliches organismisches Integral darstellend, im Laufe der Zeugungsabfolgen auseinander hervorgegangen seien.

Während jedoch für Leibniz die Kontinuität von Formen konstitutives Prinzip der Naturerfahrung war, bildete sie für den kritischen Kant eine regulative Idee der transzendentalen Vernunft. Auch Goethe sprach »von der Einheit der organischen Natur«, wenn er sich an Buffon und Geoffroy anlehnend seine Gedanken zusammenfaßt, nachdem er den Zwischenkieferknochen gefunden hatte (13). Herder spielte bereits in seinen »Ideen zur Geschichte der Menschheit« mit dem Gedanken einer natürlichen Verwandtschaft zwischen den Menschen und den höchstentwickelten Affen (14). Er veranlaßte Kant durch die Konzeption der lebendigen Welt als eines morphologisch-aufsteigenden Verwandtschaftssystems, über eine wirkliche genealogische Deszendenzfolge der Lebewesen nachzudenken. Während dieser zunächst vor einer solchen Idee zurückschreckte (15), stand er ihr später nicht mehr ganz ablehnend gegenüber (16). Trotzdem blieb ein solcher Gedanke sowohl für Leibniz wie für Kant noch ein spekulativer Entwurf, den erst Lamarck, nach einem schwachen Ansatz bei Buffon, empirisch abzuleiten und durch Naturgesetze zu begründen versuchte.

In der romantischen Naturlehre hatte die Überzeugung von der Einheit der organischen Natur zu einer Theorie von der Stufenfolge der Leiblichkeit geführt. Unter dieser Voraussetzung erklärten sich z. B. die bei den Pflanzenkrankheiten auftretenden Pilze als Leiblichkeitsstufen kranker pflanzlicher Dynamik bzw. niedergestufter Bildung kranker Pflanzensubstanz (17). In der gleichen Art erklärte man sich die Bildung der Insektenpilze auf toten Insekten: Sie sollten dadurch entstehen, daß die Molekeln der toten Tiere einen Energieverlust erleiden und dadurch von der tierischen zur vegetativen Stufe absinken. Hier waren also bereits auch mechanische Vorstellungen für die Frage nach der Ursache für die Entstehung der Organismen herangezogen (18).

Während somit die Romantik eine Entwicklungslehre für

die Organismen in gleichsam umgekehrtem Sinne, vom Vollkommenen zum Unvollkommenen kannte – eine These, die bis in die jüngste Zeit noch von der sogenannten holistischen Biologie (19) vertreten wurde –, änderte sich im Darwinismus die Richtung im Sinne einer ebenfalls im 18. Jahrhundert schon entwickelten Fortschrittsidee. Diese war aus der jüdisch-christlichen Eschatologie entstanden, und zwar in doppelter Hinsicht. Einmal war in der Antike die Überzeugung von einem Telos in der Geschichte vornehmlich bei den Juden anzutreffen. Fast alle anderen Völker kannten nur eine zyklische Geschichtsauffassung. Im Anschluß an Augustin hatte dann zu Beginn des 18. Jahrhunderts Gian Battista Vico den linearen Charakter der christlichen Geschichtsauffassung philosophisch herausgearbeitet (20). Hinzu kam im calvinistischen England das erneute Aufflammen der bereits in den ersten christlichen Jahrhunderten verworfenen theologischen Lehre von der Apokatastasis, welche besagt, daß die Seelen nicht ewig verdammt blieben, sondern auf die Dauer doch gerettet würden (21). Diese vertrat man im England des 18. Jahrhunderts jedoch nicht mehr nur mit theologischen Gründen, sondern versuchte sie auch naturwissenschaftlich zu untermauern.

Ausgangspunkt war z. B. für den Mediziner David Hartley das Wort der Offenbarung: »Und ihre Taten folgen ihnen nach« (22). Um diese biblische Behauptung zu erweisen, zog er die Hirnphysiologie heran, die damals gerade in ihren ersten Anfängen stand. Das Tun des Menschen erregt Vibrationen im Hirn, so argumentierte er, und die Wiederholung schafft eine Prägung, die sich auf die Seelen überträgt (23), ein Gedanke, welcher ursprünglich in der scholastischen Lehre von den sittlichen Akten zu finden ist (24). Der Eindruck bleibt dann nach dem Tode erhalten, damit die Seelen »gemäß den in dem zum Schlechten neigenden Körper vollbrachten Taten empfangen und ernten, wie gesät worden ist«. Diese Prägung kann, da sie wesentlich äußerer Natur ist, aber keine Dauer haben, weil die Wirkung nicht mehr sein kann, als es die Ursache ist. Darum ist es wahrscheinlich, »daß alle Menschen letztlich glücklich gemacht werden« (25).

Bei Hartley finden wir also ein Beispiel, wie in dieser Zeit religiöse Ideen mit naturwissenschaftlichen Theorien verknüpft wurden und so in diese eingehen konnten. Andererseits ist hier erstmals ein Fortschritt von einem unvollkommenen Zustand (der Sündenhaftigkeit) zu einem vollkommenen (der absoluten Heiligkeit) vorausgesetzt. Solche Fortschrittsideen waren auch schon früher in der katholischen Morallehre aufgetaucht: So lehrte Thomas von Kempen in seiner ›Imitatio Christi‹, »wenn man nur jedes Jahr einen einzigen Fehler oder eine Sünde ablegte, müsse man – ein langes Leben vorausgesetzt – fast noch in diesem Leben zur Heiligkeit erlangen« (26). Hier zeigt sich bereits das Kriterium aller Fortschrittsideologien, auch der späteren säkularisierten: Man extrapolierte einen kleinen Erfahrungsbereich auf das Ganze hin, ohne dies je in Händen zu haben.

Der Zusammenhang des moralischen Fortschrittes mit einem solchen der äußeren Natur wird deutlich ausgesprochen bei dem englischen Essayisten Josef Addison, welcher schreibt: »Es gibt meiner Meinung nach keine angenehmere und frohlockendere Betrachtung in der Religion als diese des immerwährenden Fortschritts, den die Seele in Richtung auf die Vollkommenheit der Natur macht, ohne dort innerhalb einer Periode anzulangen ... ja sogar für Gott selbst muß es ein wohlgefälliger Anblick sein, in seinen Augen zu sehen, wie seine Schöpfung sich beständig verschönert und ihm durch einen größeren Grad der Ähnlichkeit näher rückt« (27). Die neutestamentliche Forderung »Werdet vollkommen wie Euer Vater im Himmel vollkommen ist« (28) wurde im England des 18. Jahrhunderts also ausgespielt gegen den alttestamentlichen Satz »Laßt uns den Menschen schaffen nach unserem Bilde und Gleichnisse« (29). Die moralische Ordnung, bei der es einen Fortschritt vom Vollkommenen zum Unvollkommenen gibt, wurde also zum neuen Modell für die Naturordnung, bei der ursprünglich und, wie wir sahen, noch in der romantischen Naturlehre, die Vollkommenheit am Anfang stand und eine Entwicklung nur im Abstieg, nicht im Aufstieg möglich war.

Das ist der geistesgeschichtliche Boden, auf welchem sich der Darwinismus des 19. Jahrhunderts entwickelte. Daß diese Traditionen auch wirklich auf Darwin Einfluß nahmen, mag noch kurz dargetan werden. Das Werk ›Observations of man‹ des eben zitierten Hartley, in welchem seine Ideen ausgesprochen waren, wirkte direkt auf die Mitglieder der sogenannten ›Lunar Society‹ in Birmingham, einer der wichtigsten wissenschaftlichen Gesellschaften jener Zeit. Eines ihrer Mitglieder war der Großvater Darwins, Erasmus Darwin, der bereits die Konsequenzen in der eben angedeuteten Art zog und die moralisch religiöse Fortschrittsidee direkt auf den Naturzusammenhang übertrug, indem er sie auf die Biologie anwandte. Er schreibt in seiner ›Zoonomia‹ von 1794: »Der erfinderische Doktor Hartley in seinem Werk über den Menschen und einige andere Philosophen sind der Meinung gewesen, daß unser unsterblicher Teil im Laufe dieses Lebens gewisse Gewohnheiten des Handelns und Fühlens erwirbt, die für immer unauflöslich werden und auch nach dem Tode in einem zukünftigen Dasein fortdauern ... Ich möchte diese kluge Idee auf die Erzeugung oder Hervorbringung des Embryos anwenden, des neuen Tieres, das an der Gestalt und den Gewohnheiten des Muttertieres so stark teilhat«(30).

Neben der Lehre von einer Vererbung erworbener Eigenschaften, die bei ihm erstmals, noch vor Lamarck, anklingt, findet sich bereits die Idee vom ›Kampf ums Dasein‹ als Entwicklungsprinzip in der organischen Natur. Damit löst sich auch eine Schwierigkeit, auf welche ältere Darwin-Biographen hinweisen. Während Darwin nämlich in seiner Autobiographie berichtet, daß er im Oktober 1838 Maltus' Essay ›Über die Bevölkerung‹ gelesen habe, in welchem von einem »überall stattfindenden Kampf um die Existenz« die Rede ist, finden wir bereits in seinem Reisenotizbuch von 1837, also ein Jahr früher, einen Hinweis auf die Lehre vom Überleben der am meisten umweltangepaßten Organismen: »Was das Aussterben betrifft, so ist leicht zu ahnen, daß eine Varietät der Strauße, Petise, nicht gut angepaßt sein kann und daher aussterben wird; oder auf der anderen Seite, daß Orpheus, ein Galapavogel, günstig ist, so daß viele erzeugt werden können. Dies setzt das Prinzip voraus, daß die beständigen Variationen durch enge Züchtung und Wechsel der Lebensbedingungen hervorgebracht werden (entsprechend der Anpassung an solche Bedingungen), daß sie erhalten bleiben und daß der Tod einer Spezies eine Folge (im Gegensatz zu dem, was dem Anscheine nach in Amerika der Fall war) der Nichtanpassung an die Umstände ist« (31).

Dies war immer als ein Widerspruch gegen die These angesehen worden, daß Maltus auf Darwin den gleichen entscheidenden Einfluß ausgeübt habe wie der Geologe Lyell, dessen ersten Band der ›Principles of Geology‹ ihm Henslow 1831 vor seiner Abfahrt mit der ›Beagle‹ nach Süd-Amerika überreichte und dessen zweiter Band, der besonders wichtig für die Entwicklungslehre war, ihn bereits 1832 erreichte. Charles Darwin hat also die Überzeugungen seines Großvaters in wissenschaftliche Form gebracht, gestützt auf die neue Lehre Lyells von der Veränderung der Erdrinde durch gleichmäßig fortwirkende Ursachen und durch seine eigenen Forschungen auf der Beagle-Reise sowie seine späteren züchterischen Erfahrungen.

Der Darwinismus war aber nicht nur eine konsequente Weiterbildung von einigen in der englischen Wissenschafttradition vorgegebenen Ideen, sondern er stellte auch eine Auseinandersetzung dar mit Antworten, die die kontinentale Forschung auf die diesen Ideen zugrundeliegende Problemstellung gegeben hatte. Dabei teilten die kontinentalen Forscher mit den Engländern schon hundert Jahre vor Darwin die Überzeugung, daß eine phylogenetische Entwicklung stattgefunden habe, und etwa seit der Wende zum 19. Jahrhundert kam darüber hinaus der Gedanke auf, daß diese kausal erklärt sein müsse. Diejenigen, die daraufhin in den ersten Jahrzehnten des 19. Jahrhunderts den Versuch einer exakten Evolutionstheorie machten, waren die Franzosen Cuvier und Lamarck. Wegen der Annahme einer jeweiligen Typenfestigkeit der stufenweise in der Urzeit neu entstehenden Formwelt sah sich Cuvier, der an dieser idealistisch-morphologischen Grundeinstellung des 18. Jahrhunderts festhielt, gezwungen, kosmische Katastrophen anzunehmen, denen jeweilige Neuschöpfungen Gottes folgten.

Dies entsprach nicht nur dem alten metaphysischen Axiom ›nulla generatio sine corruptione‹ (kein Entstehen ohne [vorheriges] Vergehen), sondern trug auch der Lehre Linnés Rechnung, die sich freilich nur indirekt auf die biblische Urgeschichte berufen konnte, da sie – wie die augustinische Lehre von den Keimgründen beweist – auch bis zu einem gewissen Grade evolutionistisch auslegbar ist (32) und auch vor Linné von den präformistischen Biologen des 17. Jahrhunderts sogar so ausgelegt wurde. Linné hatte in seinem ›Systema naturae‹ (33) behauptet, daß keine neuen Arten mehr entstehen, daß die Zahl der Individuen heute wegen der Zeugung größer ist als am Anfang und daß ebenso wegen der Zeugung jede Spezies eine Einheit darstellt, da sie aus zwei Ureltern hervorgegangen ist.

Das von Lamarck aufgestellte Gesetz zur kausalen Begründung der Artenentstehung war zwar schon gegenüber demjenigen von Cuvier naturalistisch, d. h. ohne Hineinnahme transphysischer Faktoren konzipiert, aber noch kein mechanistisches: Nicht die äußere Natur, die Umwelt, war es, welche die erblich werdende Umbildung der Organe und damit der ganzen Art erklärte, sondern der Gebrauch oder Nichtgebrauch dieser Organe. Ein solcher setzt aber immer ein inneres Bedürfnis der Organismen voraus, sich der Umwelt sinnvoll anzupassen, das seinerseits wieder eine teleologisch instrumentale Benutzung der entsprechenden Organe nach sich zog, die sich somit sinn- und zielentsprechend verändern mußten. Bei Lamarck spielt also noch eine Teleologie mit in das Entwicklungsgeschehen hinein: Die zielgerichtete Anpassung der Organe an die Umwelt als Grund der Artenumwandlung ist in einem psychischen, also immerhin bereits naturhaften Faktor begründet, dem sinnbestimmten Bedürfnis der Organe nach Umweltanpassung.

Hinter der Katastrophentheorie Cuviers als Erklärung der Evolution lebender Formen mit ihrer Annahme beständiger Neuschöpfungen Gottes und hinter den dagegen gerichteten Bemühungen Lamarcks, nach einem Faktor zu suchen, der in der Natur selbst liegt, stand die alte Unterscheidung vom ›opus naturae‹ und ›opus Dei‹ (34), die bereits bei den Arabern verschiedene Auffassungen über die Ursache von Naturprozessen hervorrief (35), später im Occasionalismus wiederum zutage trat (36) und noch im Streit zwischen Leibniz und Newton sichtbar wurde, ob Gott jedes Mal wie ein Mechaniker in das Uhrwerk der Welt eingreifen müsse, um dort eventuelle Störungen zu beseitigen (37). Die fortschreitende Ausschaltung religiöser Überzeugungen als nächste Beweisgründe naturwissenschaftlicher Theorien, die man im Laufe der Wissenschaftsgeschichte beobachten kann und die bereits im Mittelalter begann (38), ist ebenfalls ein Element, welches auch der Darwinschen Theorie zugute kam und sie der idealistisch-morphologischen Einstellung der Romantik überlegen machte.

Diese idealistisch-morphologische Einstellung betraf vor allem den Artbegriff. Schon vor Darwin hatte der Artbegriff als biologische Systemkategorie zwar oft nur noch den Charakter eines bloßen zoologischen oder botanischen Ordnungsprinzips. Die Überzeugung der Gegründetheit dieser Systemkategorie in irgendwelchen ihr objektiv korrespondierenden naturhaften Wesenseinheiten war mehr und mehr geschwunden, und die idealistisch-morphologischen Vorstellungen der romantischen Biologie können als ein letzter Rettungsversuch angesehen werden, der aber scheitern mußte, weil ihre metaphysischen Wurzeln längst abgeschnitten waren. Als fundamentum in re blieben nur noch die Vermehrung bzw. die äußeren Merkmale übrig. Dem entspricht genau der Darwinsche Artbegriff, als Kriterium dessen, was Art sei, nur noch die gegenseitige Unfruchtbarkeit, d. h. die Unmöglichkeit einer Kreuzung, und einen solchen Merkmalsabstand, der einen kontinuierlichen Übergang ineinander unmöglich erscheinen läßt, gelten zu lassen. Sowohl die Forderungen der künstlichen Herstellbarkeit als auch diejenige des relativ großen Merkmalsabstand (relativ nämlich in Bezug auf die Bedingung der Diskontinuität) zeigen an, wieweit dieser Artbegriff von jenem idealistisch-morphologischen bereits entfernt war, der noch bis zu den Tagen Darwins die traditionelle Schulmeinung darstellte (39).

Nur wenn die Bezeichnung der Lebewesen nach Arten eine bloße Konvention ist, wenn die biologischen Arten also keine Wesensbegriffe mehr darstellen, dann ist ein Abstammungszusammenhang in der Gesamtheit der verschiedenen Lebewesen möglich. Der Abstammungsgedanke steht und fällt nach Darwins eigenem Hinweis im dritten Punkt seiner Skizze (»daß solche Rassen ... dasjenige bilden, welches als Art bezeichnet wird«) mit dieser Auffassung des Artbegriffes. Diese nominalistische Kritik des Artbegriffes durch Darwin erfolgte wiederum ganz im Sinne der englischen Aufklärungsphilosophie des 18. Jahrhunderts von Locke, Hume und Berkeley (40).

Während die historische Einordnung der Darwinschen Lehre in die englische Tradition des 18. Jahrhunderts, besonders was die Fortschrittsidee und den Evolutionsbegriff betrifft, ihre spätere Popularität verständlich macht, erklären der in ihr vorhandene nominalistische Artbegriff und die mechanistische Komponente der Selektion ihre Anerkennung als naturwissenschaftliche Theorie; denn sowohl der Abstammungsgedanke wie das Selektionsprinzip ließen sich zunächst wenigstens nach strengen naturwissenschaftlichen Maßstäben kaum verifizieren, die Abstammung nur mit Mühe. Im Höchstfall konnte ihre Grundbedingung, der Nachweis einer erblichen Umbildung von Lebensform, nicht aber die an sich notwendige Extrapolation solcher Experimente auf die gesamte lebende Welt, als nachweisbar angesehen werden. Die Selektion dagegen war von Anfang an am stärksten umstritten; denn sie mußte als Erklärung der Abstammung experimentell unmittelbar und allgemein durchführbar nachgeprüft werden können, was ebenfalls bis in die jüngste Zeit nicht ohne Widerspruch möglich war. Dabei stellt das Selektionsprinzip keineswegs ein auswechselbares Glied im Darwinschen Gedankengut dar (41). Gerade ihre Stellung schon im ›Ersten Entwurf zur Abstammung der Arten‹ erweist die Selektion als ein konstitutives Element. Hier erscheint sie eng verknüpft mit der Variation und der Überproduktion von Lebewesen sowie ihrer Vererbungsfähigkeit als grundlegende Erfahrungstatsachen des Darwinismus (42) – auch wenn Darwin die entscheidende Idee, die von dem ›Struggle for life‹, dem Kampf ums Dasein, nicht erst von Malthus empfangen hat, sondern dem Denkklima seiner Zeit, z. B. von de Candolle, entnahm (43). Auf die Selektion zurückzuführen ist neben der geschlechtlichen Zuchtwahl, durch die Darwin vor allem die Wechselbeziehungen zwischen Blumen und Insekten wie auch bestimmte ästhetische Erscheinungen in der Tierwelt erklären wollte, das Prinzip der Arbeitsteilung als Stufungsprinzip der Organismen im Laufe der Artenentwicklung (44).

Mit dem Selektionsprinzip eng verknüpft ist die Gleichsetzung zwischen künstlichen und natürlichen Mitteln der Zuchtwahl, d. h. die Identifizierung von Natur und Kunst (45) – ein weiteres Element, das man ebenfalls bei allen naturwissenschaftlich fruchtbaren Modellen seit der beginnenden Neuzeit finden kann (46). Fast in keiner anderen naturwissenschaftlichen Theorie tritt aber das Kennzeichen der neuzeitlichen Wissenschaftsmethode (47), die Aufhebung des Unterschiedes von Natur und Kunst, so deutlich zutage. Allerdings prägte schon Aristoteles den Begriff der Naturtechnik, und zwar bezeichnenderweise in seiner Zoologie (48), und wurde die Idee einer ›natura artifex‹ dann von der mittelalterlichen Medizin übernommen (49), während der aus der peripatetischen Tradition stammende Satz, daß die Kunst die Natur nachahme (50), zum Leitmotiv der Alchemie wurde. Diese Ideen gewannen aber für die Wissenschaftsmethode erst entscheidende Bedeutung im 16. Jahrhundert, zunächst insbesondere vor allem bei den Mechanikschriftstellern dieser Zeit, indem diese den alten Gegensatz kata physin und para physin, natürlich und künstlich, überwanden (51). Auch die Biologie der frühen Neuzeit machte sich bald diese Erkenntnisse zu eigen, wie die Entstehung der Jatromechanik zeigt (52). Andererseits wurde auch der Rousseausche Naturbegriff gerade für die Idee der geschlechtlichen Zuchtwahl von wissenschaftshistorischer Bedeutung.

Wenn also Darwin die natürlichen Vorgänge mit seiner künstlichen Zuchterfahrung identifiziert, so hat er nichts mehr als die seit dem 16. Jahrhundert übliche Methode der Naturbetrachtung auch auf die Biologie angewandt und dadurch ein für seine Zeit fruchtbares Modell zur kausalen Erklärung der Artenentstehung geschaffen. Durch den neu formulierten Artbegriff, durch die aus der Tradition übernommene Entwicklungsidee sowie den neu eingeführten mechanischen Faktor der Selektion ließ sich der Vorgang einer Artenentwicklung kausal verstehen, ohne dafür transempirische Ursachen, etwa einen schöpferischen Eingriff Gottes annehmen zu müssen. Er meinte nämlich, wie wir aus den ersten Worten zum zweiten Teil seines Urmanuskriptes ersehen, daß wenn überhaupt eine transempirische Ursache für die Beziehung für Organismen untereinander anzunehmen sei, diese auf jeden Fall direkt im Willen des Schöpfers gesucht werden müsse. Seine eigene Lehre bedeutet somit nichts anderes als eine Überbetonung des ›opus naturae‹ im Gegensatz zur calvinistischen Deutung der Genesis, die das ›opus Dei‹ verabsolutiert hatte. Er hält aber die entgegengesetzte Auffassung für gerechtfertigt, solange Unwissenheit über die Variation und die Anpassung bei den Lebewesen herrschte.

Im übrigen bedeutet sein Versuch, bei der Erklärung der Artenentstehung auf eine transempirische Ursache zu verzichten, keinesfalls, daß er eine Schöpfung in jedem Sinne geleugnet hätte, sondern er ist im Gegenteil davon überzeugt, »daß das Leben mit seiner Wachstums-, Assimilations- und Reproduktionsfähigkeit ursprünglich in eine oder einige wenige Formen der Materie hineingehaucht worden ist« und die Existenz entsprechender Entwicklungsgesetze »unsere Vorstellung von der Macht eines allwissenden Schöpfers« steigert. Darwin war im Gegensatz zu den Vorläufern, darunter seinem Großvater, und seinen Epigonen, wie etwa Ernst Haeckel, ein vorsichtiger und gewissenhafter Naturforscher, dem jede bombastische Sektenpredigerei, zu der später Haeckel neigte, fremd war (53). Während dieser die Abstammungslehre, trotz der damaligen Unvollkommenheit des paläontologischen Materials, einschließlich der mechanischen Kausalbegründung Darwins ohne Frage bereits als erwiesen ansah, ging Darwin selbst mit größter Gewissenhaftigkeit auf alle Einwände, die ihm seine Fachgenossen entgegenhielten, ein. Sie machten ihm »schweres Kopfzerbrechen«; denn er meinte, wenn sie zu Recht beständen, würden einige »seine Theorie zunichte machen« (54). Schon in seinem ersten Entwurf heißt es: »Gesetzt die Ansichten einiger Geologen seien richtig, so muß meine Theorie aufgegeben werden«. In seiner ›Entstehung der Arten‹ leugnete Darwin noch, daß Variationen »vom Zufall veranlaßt« seien, und wollte lieber von »unserer ganzen Unwissenheit bezüglich der Ursache jeder besonderen Abweichung« (55) sprechen. Solange Darwin also auch die Variation bzw. die Selektion als einzige Ursache der Entwicklung ansah, überschritt er dabei zunächst noch nicht die Grenzen der naturwissenschaftlichen Aussagemöglichkeit. Erst seine späteren Werke, ›Die geschlechtliche Zuchtwahl‹ und ›Die Abstammung des Menschen‹, wagten sich darüber hinaus, vor allem auch in Bereiche der Psychologie, Ethnologie und Religionsgeschichte (56). Dies ist um so bemerkenswerter, als er noch in seinem ersten Entwurf sich nicht beschäftigen wollte »mit der Entstehung von Gedächtnis ... und den verschiedenen Fähigkeiten des Geistes ...«.

Bevor wir zum Schluß auf die weltanschaulichen und ethischen Konsequenzen zu sprechen kommen, für die Darwin in seinen späteren Werken Ansätze bot, und die das vielleicht traurigste Kapitel in der Wissenschaftsgeschichte zu dem Thema ›Naturwissenschaft und Politik‹ einleiteten, soll vorher noch auf die allgemeine Bedeutung von Darwins Tat im Rahmen der Wissenschaftsgeschichte eingegangen werden. Wir sahen zu Anfang, daß Darwin in der Skizze zu seinem ersten Entwurf als letzten rationalen Beweisgrund, die »allgemeine Ökonomie der Natur« angibt. Wir erwähnten bereits auch, daß diese Idee noch im 18. Jahrhundert sehr lebendig war. So heißt es z. B. im Lehrbuch der Mechanik von Cametti, einem Nachfolger von Galilei in Pisa, der erste Teil der Mechanica, nämlich die Lehre von der Bewegung, beziehe sich auf die ›Oeconomia universi‹ (57). Hinter diesem Begriff standen Überzeugungen wie diejenigen, daß die Natur nichts umsonst tue, daß sie auf dem kürzesten Weg ihre Ziele zu erreichen suche, daß sie in ihren Anordnungen einfach sei etc., woraus wiederum bestimmte methodische Regeln für ihre Erforschung abgeleitet wurden, wie z. B. jene, daß dasjenige, was man mit wenigen Prinzipien erklären kann, nicht durch viele erklärt werden dürfte (58).

Diese Bemerkung Darwins scheint uns deshalb wichtig, weil sie seinen Versuch, die Arten aufeinander zurückzuführen, der Absicht von Kopernikus ähnlich macht, mit dem er in der Tat schon früh verglichen wurde. Dieser beschließt das Urmanuskript seines Hauptwerkes ›De revolutionibus orbium coelestium‹, den sogenannten ›Commentariolus‹, mit den Worten: »Es reichen also 34 Kreise ganz und gar aus, um mit ihnen den ganzen Haushalt der Welt (fabrica universi) und alle räumlichen Anordnungen der Sterne zu erklären« (59). In der Tat scheint Darwin selbst auf den Zusammenhang seiner Theorie mit derjenigen des Kopernikus anzuspielen, wenn er in seinem Notizbuch von 1837 schreibt: »Astronomen mögen früher gesagt haben, Gott habe angeordnet, wie sich jeder Planet seiner besonderen Bestimmung gemäß zu bewegen habe. Ebenso könnte man sagen, Gott habe die Erschaffung jedes Tieres in einer bestimmten Form im vorbestimmten Lande angeordnet. Aber wieviel *einfacher* und erhabener ist die Vorstellung einer Macht, die nur bestimmt, daß die Schwere nach bestimmten Gesetzen wirkt, und dies und das sind dann die unvermeidlichen Folgen, und die bei der Erschaffung der Tiere die Gesetze ihrer Entwicklung anordnet, und so oder so werden dann deren Nachkommen beschaffen sein« (60). Dies ist keine weltanschauliche Verallgemeinerung seiner Theorie, sondern ein Zeugnis für das, was Darwin im Letzten unter »Ökonomie der Natur« verstanden hat. Es handelt sich für ihn nicht nur um einen denkökonomischen Ansatz seiner wissenschaftlichen Beweisführung, sondern auch um dessen objektive Begründung in einer Trennung des ›Opus Dei‹, dem die gesetzgebende, und des ›opus naturae‹, dem die ausführende Gewalt im Kosmos zugesprochen wird; denn die ›leges naturae‹ waren eben im Bewußtsein Darwins, wie übrigens auch in demjenigen Galileis, mehr Gesetze *für die* Natur, als *der* Natur (61). Aber die Bedeutung von Darwins Tat im Rahmen der Wissenschaftgeschichte bestand nicht nur in der Ähnlichkeit mit derjenigen des Kopernikus. Diese Bedeutung liegt vielmehr noch tiefer.

Durch die kopernikanische Theorie wurde, wie man zu sagen pflegt, das geschlossene mittelalterliche Weltbild mit seinen ineinandergeschachtelten Sphären ins Unermeßliche aufgebrochen. Wenn auch Kopernikus selbst noch von der Endlichkeit des Raumes überzeugt war, so blieb es doch eine Voraussetzung seiner neuen Theorie, daß der Fixsternhimmel unermeßlich weit entfernt war (62). Dadurch wurde aber der Mensch, und zwar schon im 16. Jahrhundert, gegenüber dem Kosmos zu einem ›Quasi-Nichts‹. Er war zwar auch schon im Mittelalter als Mikrokosmos bezeichnet worden, jedoch mehr im Sinne einer gestalthaften Abspiegelung des Kosmos im Kleinen, nicht aber unter Rücksicht eines Größenverhältnisses (63). Als nun 1838 der letzte empirische Beweis für die Richtigkeit des kopernikanischen Systems gebracht werden konnte, indem es Bessel gelang, eine Fixsternparalaxe zu messen, als somit die Tatsache der Nichtigkeit des Menschen in Bezug auf das Universum endgültig feststand, schrieb Darwin schon seine ersten Notizen zur Konzeption einer Artenentwicklung nieder, die später konsequent zu seiner Theorie über die ›Abstammung des Menschen‹ führte (64). Während sich der Mensch noch durch die kopernikanische Astronomie zu einem Nichts erniedrigt sah, wies Darwin in seiner Lehre ihm bereits wieder einen ausgezeichneten Platz zu. Er stand zwar nicht mehr im örtlichen Mittelpunkt der Schöpfung, war dafür aber ihr naturgeschichtliches Ziel geworden. Er hatte zwar seine Auszeichnung dem Raum nach verloren, dafür aber eine solche der Zeit nach gewonnen; denn er war das Ziel der Artenentwicklung und der Höhepunkt der ›natürlichen Schöpfungsgeschichte‹ (65) geworden.

Damit erscheint aber der Darwinismus als ein wissenschaftsgeschichtliches Pendant gegen die kopernikanische Theorie zur Rettung des Menschenbildes. Durch Darwins Tat wurde das Gleichgewicht zwischen Mensch und Kosmos wieder hergestellt. Andererseits stehen beide Theorien in einer unaufhebbaren Dialektik der naturwissenschaftlichen Erkenntnis. Wenn man dies zuzugeben bereit ist, erweisen sich beide aber nur als Modelle der einen Naturwirklichkeit: Das eine beschreibt diese in ihren räumlichen Beziehungsverhältnissen, das andere in ihren zeitlichen. Beide bleiben aber teilansätzliche Aussagen über die Natur. Daraus ergibt sich auch die Unmöglichkeit, aus ihnen irgendwelche weltanschaulichen oder gar ethischen Konsequenzen zu ziehen, die ihrem Wesen nach die Natur allansätzlich zu betrachten versuchen. Darwins geniale Idee, die Artenfülle des Lebendigen auf eine Wurzel zurückzuführen, hatte allerdings gemeinsam mit der Leistung von Kopernikus auch weltanschaulichen Konsequenzen, die in beiden Fällen nicht durch den Urheber selbst, sondern durch dessen Epigonen gezogen wurden. Die Heftigkeit des Streites war in diesem wie in jenem Falle nicht zuletzt dadurch bedingt, daß der Mangel an empirischem Beweismaterial zunächst durch die Festigkeit der Überzeugungen von der Richtigkeit der jeweiligen Hypothesen ersetzt werden mußte und dies weniger bei den Urhebern selbst, die beide sehr vorsichtige und gewissenhafte Forscher waren, als bei ihren Schülern. Kopernikus fehlten noch wesentliche empirische Beweiselemente, und ähnlich erging es Darwin. Er selbst und seine Schüler mußten sich bis in die jüngste Zeit immer wieder auf die Unvollständigkeit des paläontologischen Materials berufen, wie die Kopernikaner ihrerseits die Ungenauigkeit der damaligen astronomischen Meßmethoden ins Feld führen konnten. In beiden Fällen bestand die Hoffnung auf die Zukunft.

Inzwischen aber konnten sich sowohl im 16. wie im 19. Jahrhundert weltanschauliche Positionen ausbilden, die in beiden Fällen verhängnisvolle Fehlentwicklungen in der Gesellschaft zur Folge hatten. Damals brachten sich die religiösen Autoritäten in Mißkredit, indem sie eine astronomische Theorie mit biblischen Argumenten bekämpften, in diesem Jahrhundert brachte sich die staatliche Autorität in Mißkredit, indem sie eine biologische Theorie als politisches Argument usurpierte. Die nationalsozialistischen Greueltaten waren nämlich nichts anderes als die konsequente Durchführung jener Ideen, welche die Weltanschauung ausmachten, die sich im Anschluß an Darwins Lehre bildete und welche Sozialdarwinismus hieß. Der Sozialdarwinismus bestand vor allem in der theoretischen Übertragung der darwinistischen Prinzipien auf soziale und staatliche Verhältnisse. Dabei muß man sich freilich die Tatsache vergegenwärtigen, daß Darwins Theorie, worauf wir ja schon hinwiesen, ihrerseits soziologische Ideeen zur Interpretation biologischer Gegebenheiten benutzte. »Unser Erdball ist eine große Werkstätte zur Organisation sehr verschiedenartiger Wesen«, so hieß die Überschrift zum zweiten Buch von Herders Ideen zur Geschichte der Menschheit. In dieser Formulierung Herders klingt die mittelalterliche Idee der ›fabrica mundi‹ an, von der noch Kopernikus sprach, die freilich bis zum 16. Jahrhundert noch vom ›architectus divinus‹ geleitet wurde. Darwin hat aus dieser Weltwerkstätte Herders eine »wenn auch in den Ausmaßen riesenhafte Zuchtfarm« gemacht, wie es in einer modernen Kritik des Darwinismus heißt (66). In der Tat, dieser Eindruck der Welt als Zuchtfarm war es auch, der schon der ersten Generation seiner Anhänger vor Augen stand, die versuchten, seine biologische Theorie in eine Weltanschauung umzumünzen, die man Monismus nannte und zu deren Apostel sich Haeckel machte.

Seine ›Welträtsel‹, die im Nachwort ein ›Glaubensbekenntnis der reinen Vernunft‹ enthielten, wurden damals zur Bibel dieser ›agnostischen Religion‹ (67). Als neue Morallehre aber entwickelte sich gleichzeitig der Sozialdarwinismus. Es kann nicht unsere Aufgabe sein, auf beides im einzelnen einzugehen. Der Monismus hat sowieso als eine spätromantische Afterphilosophie das Ende der bürgerlichen Welt nicht überlebt. Der Sozialdarwinismus dagegen wurde noch zum geistigen Nährboden der faschistischen Ideologien der zwanziger Jahre, vor allem in Deutschland. Die Schizophrenie, die Doppelgesichtigkeit des Nationalsozialismus mit seiner rationalmaterialistischen und seiner mystisch-heidnischen Komponente, seine Ahumanität und schließlich die verführerische Kraft, die in der Hoffnungsstruktur seiner Ideen lag, all das war eine Mitgift des Sozialdarwinismus. Die nationalsozialistische Rassenideologie sprach von Zuchtziel und Auslesevorbild.

Die hybride Gestalt des Sozialdarwinismus, an der sie teilhatte, ergab sich vor allem daraus, daß der Mensch als Züchtungsobjekt gleichzeitig züchtendes Subjekt war. Dieser Zuchtidee entsprach gleichzeitig ein Zukunftsoptimismus. Ihr entsprangen auch jene »Utopien der Menschenzüchtung« (68), die diese Weltanschauung bereits im 19. Jahrhundert konzipierte, sie übertrafen wohl alle Greuel der Inquisitionsprozesse zusammengenommen, die die Kopernikaner, welche aus einer astronomischen Theorie ihres Meisters, wie Giordano Bruno, eine philosophische Weltanschauung machten oder, wie Galilei, theologische Konsequenzen zogen, erdulden mußten. Während jedoch die Vertreter der Kopernikanischen Weltanschauung die Opfer und die Hüter des Hergebrachten die Schergen waren, machte der Sozialdarwinismus seine Anhänger und ihre Gesellen zu Schergen und alle anderen zu Opfern; wie es Italienern und Spaniern vorbehalten blieb, die Inquisition ins Leben zu rufen, so den Engländern, den Sozialdarwinismus zu konzipieren, und den Deutschen, ihn ins Werk zu setzen.

Das Menschenbild des Nationalsozialismus, welches sich von der Idee des Volkes als hierarchisch personales Ganzes her bestimmte, nahm dafür als metaphysische Grundlage eine Blutseinheit an, die determiniert war. Die Grundlage dieser Rassenideologie wurde – wenn man einmal von Gobineau mit seiner Lehre von der Ungleichheit der Menschenrassen und seiner These von der Bedeutung der nordischen Rassen für die Kultur aller Völker absieht (69) – in der während der neunziger Jahre entstehenden sozialdarwinistischen Literatur über Rassenhygiene gelegt. Förderer fand der Sozialdarwinismus dieser Zeit bei der Großindustrie. So setzte z. B. Alfred Friedrich Krupp eine hohe Summe für ein Preisausschreiben aus unter dem Titel: »Was lernen wir aus dem Prinzip der Descendenztheorie in Bezug auf die innerpolitische Entwicklung und Gesetzgebung der Staaten?« Haeckel war einer derjenigen drei Professoren, denen Krupp die Ausschreibung anvertraute; den ersten Preis gewann der bayerische Arzt Wilhelm Schallmeyer für sein Buch ›Vererbung und Auslese im Lebenslauf der Völker, eine staatswissenschaftliche Studie auf Grund der neueren Biologie‹ (70). Er wurde dadurch einer der Begründer der sozialdarwinistischen Rassenhygiene, der wichtigsten Voraussetzung für die nationalsozialistische Rassenideologie.

Ein anderer bedeutender Vertreter der vorfaschistischen Rassenhygiene war Alfred Ploetz (71). Die eigentlich antihumanen Ideen lieferten jedoch die angelsächsischen Vertreter dieser neuen Wissenschaft, unter ihnen der Darwinist John Haycraft (72).

Eine erste Forderung, die sich aus ihnen ergab, war die Beseitigung rassisch unwerten Lebens. Was als unwert galt, wurde ebenfalls festgelegt. Eine andere Idee war die der Herstellung natürlicher Auslesebedingungen, wie sie auch ein Gärtner für Rosen und ein Züchter für Hunde schafft (73), wobei das Ziel die Ausmerzung aller schwächlichen Individuen war, wozu zu bemerken ist, daß die Idee der Ausmerzung bereits in Darwins erstem Entwurf eine Rolle spielt. Sie ist eines jener Elemente, die sozialpolitische Folgen des Darwinismus mitbedingten. Dabei wurde betont, daß für den Anspruch des Staates gegenüber dem einzelnen hinsichtlich des Rasseninteresses »sich kaum eine Grenze ausdenken« lasse (74). Den Deutschen blieb es vorbehalten, diese Ideen der englischen Darwinisten buchstäblich zu verwirklichen.

Als die nationalsozialistischen Führer 1945 vor dem internationalen Gerichtshof standen und sich damit verteidigten, daß sie nicht die Urheber dieser Ideologie gewesen seien, mußte man dies insbesondere seitens der angloamerikanischen Vertreter zugeben. So bemerkte der Lord-Richter zu Rosenberg, nachdem er behauptet hatte, »daß seine Ideen von der exakten Wissenschaften vertreten würden« und daß auch andere Staaten nationalistische Forderungen, z. B. die Verhinderung der Entstehung unwerten Lebens, bereits vor ihm eingeführt hätten: »Der Gerichtshof hat natürlich noch keine Entscheidung gefällt und wird Ihre Argumente prüfen. Ich muß Sie aber darauf hinweisen, daß in diesem Verfahren gegen den Angeklagten Rosenberg keine Beschuldigung erhoben wird, weil er diese Philosophie erdacht hätte oder weil er gewisse philosophische Ideen vertrat, die Anklage gegen ihn lautet, daß er seine philosophischen Ideen in einer bestimmten Form verwertet habe ...« (75). Das Nürnberger Gericht konnte sich zwar auf seine Aufgabe, die wirklich begangenen Verbrechen zu sühnen, zurückziehen, aber im Geiste mitangeklagt waren auch die Urheber und Förderer der bürgerlichen Ideologie des Sozialdarwinismus.

Das nationalistische Menschenbild betrachtete sich als adelstümlich und erbgutbetont und erwies sich damit als biologistisch. Dadurch aber, und nur dadurch, stand es im Gegensatz zum Marxismus und Liberalismus. In diesem Sinne war es auch antilamarckistisch. Auch Lamarck, der der idealmorphologischen Sicht der Natur erstmalig eine rein utilitaristische Auffassung von Gestalt und Verhaltensweise der Organismen durch seine Theorie entgegenstellt, gab durch seine Lehre zu einer unzulässigen Verallgemeinerung Anlaß, die sich vor allem der Liberalismus zu eigen machte. Denn die Formgestalt, die den Arttypus ausmacht, wurde nunmehr in ihrer Angepaßtheit an ein bestimmtes Milieu beurteilt und die größtmögliche Anpassung galt von nun an als Kriterium des Entwicklungsfortschrittes, da sie eine je bessere existentielle Lebensbewältigung garantiere. Daraus ergibt sich als weltanschauliche Konsequenz das soziale Ideal einer uniformierten Gesellschaft und die soziale These, daß der Mensch nur das Produkt seiner Umwelt sei. Auch diese Verallgemeinerung besteht in der naiven Anwendung einer naturwissenschaftlichen Theorie auf die Gesellschaft.

Obwohl der sonst so gründliche Darwin durch seine unvorsichtigen, mehr gefühlsmäßig betonten als wissenschaftlich ernsten Überlegungen, die er in seine späteren Werke einflocht, zweifellos den Anlaß zu den weltanschaulichen Verallgemeinerungen und ethischen Folgerungen geboten hatte, lehnte er diese – soweit er sie selbst schon erlebte und übersah – doch ab. Er konnte sie aber ebensowenig verhindern wie unsere modernen Wissenschaftler den Mißbrauch ihrer physikalischen Erkenntnisse durch gewissenlose Politiker und Militärs. Zwar liegt nichts näher, als daß Modelle, welche die experimentellen Erfahrungen und unmittelbaren Beobachtungen der lebendigen Natur durch gesellschaftliche Kategorien wie ›Kampf ums Dasein‹ oder ›Milieuanpassung‹ interpretieren, ihrerseits zu Leitvorstellungen gesellschaftspolitischer Bemühungen gemacht werden, aber das Beispiel des Sozialdarwinismus und seiner entsetzlichen Folgen sollte doch zeigen, wie wenig naturwissenschaftliche Theorien geeignet sind, um daraus Maßstäbe für ethisches Handeln zu gewinnen. Vielmehr sollte eine Ethik der Verantwortung wissenschaftlicher Erkenntnis entwickelt werden mit dem Ziel, durch methodologische und historische Kritik alle Versuche und die Versuchung zu naturwissenschaftlichen ›Weltbild‹-Konstruktionen und zum politischen – wenn auch wohlgemeinten – Mißbrauch wissenschaftlicher Ergebnisse zu überwinden.

Heribert M. Nobis

Anmerkungen

1 Unter dem englischen Originaltitel »On the origin of species by means of natural selection« erschien dieses erstmalig 1859 in London. Deutsch 1859 von Bronn.

2 Dafür sei verwiesen auf die Werke von G. Heberer und O. Kuhn, als Vertreter beider Positionen. Eine gute bibliographische Auswahl der Darwin-Literatur findet sich in der Biographie von Johannes Hemleben, Hamburg 1968 (Rowohlt-Verlag).

3 Ch. Darwin: Reisetagebuch von 1837, in: Leben und Briefe. Übers. v. Viktor Carus, Stuttgart 1887, Bd. II, S. 10; Fr. Darwin: Die Fundamente etc. (Vgl. Anm. 5) S. 4; Th. Huxley: Nekrolog über Charles Darwin (Proceedings of the Royal Society 44).

4 Ch. Darwin: Leben und Briefe. Bd. I, S. 75.

5 Fr. Darwin: The foundations of the origin of species. Two Essays written in 1842 and 1844 by Charles Darwin, Cambridge 1909. Deutsch: Die Fundamente zur Entstehung der Arten. Übers. v. Maria Semon, Leipzig und Berlin 1911. Die Zitate in den folgenden Anmerkungen beziehen sich auf diese deutsche Ausgabe.

6 Die Fundamente etc., Einleitung S. 8.

7 Die Fundamente etc., S. 9 f.

8 Die Fundamente etc., S. 51.

9 Die Fundamente etc., Teil II.

10 Vgl. auch Galilei: Edizione nazionale Bd. VII, S. 143 und Bd. XI, S. 109.

11 Giovanni Solinas: Il microscopio e le metafisiche, Epigenesi e preesistenza da Cartesio a Kant. Milano 1956.

12 G. W. Leibniz: Brief an Varignon (Über das Kontinuitätsprinzip). Vgl. ders.: Hauptschriften z. Philosophie, hrsg. von E. Cassirer. Bd. II, S. 78,10 sowie Beilage S. 559,10.

13 E. Geoffroy Saint Hilaire: Etudes progressives d'un naturaliste ... Première Remarque embrassante quelques sujets de haute philosophie. Paris 1835.

14 J. G. Herder: Ideen zur Philosophie der Geschichte der Menschheit. Ed. Suphan, Berlin 1877–1913. 2. und 3. Buch.

15 I. Kant: Besprechung des ersten Teils von Herders Ideen zur Menschheitsgeschichte (1748).

16 I. Kant: Kritik der Urteilskraft. Vgl. auch Vogelin: Die Rassenidee in der Geistesgeschichte. Berlin 1933.
17 B. Wehnelt: Die Pflanzenpathologie der deutschen Romantik. Bonn 1943.
18 Ders. a. a. O.
19 Z. B. J. S. Haldane: Die Philosophie eines Biologen, übers. v. A. Mayer-Abich, Jena 1936. A. Mayer-Abich, Naturphilosophie auf neuen Wegen, Stuttgart 1948.
20 G. B. Vico: Opere complete, ed. Ferrari 1835–37 und 1852–54.
21 Die positiv sichere Aussage über eine Apokatastasis, welche von einigen griechischen Vätern und westlichen Theologen des Mittelalters, darunter Scotus Eriugena, aufgestellt wurde, ist durch das kirchliche Lehramt als häretisch verworfen worden, z. B. durch Papst Virgil (440–455): Adversus Originem; Concilium lateranasense IV (1215); Papst Benedikt XII; Constitutio Benedictus Deus (1336).
22 Apokalypse 14,13.
23 David Hartley: Observations on man (1749).
24 Thomas von Aquino: Summa theologica, zweiter Teil, 1. Hälfte, quaestis 52, Artikel 3.
25 David Hartley: Observations on man (1749).
26 Thomas a Kempis: Imitatio Christi. Vgl. dagegen Luthers »Simul iustus et peccator«.
27 Josef Addison (1672–1719): The spectator.
28 Matthäus 5,48.
29 Genesis I,26.
30 Erasmus Darwin: Zoonomia or the laws of organic life. 1794 bis 98. Deutsch v. Brandis, Hannover 1795–99.
31 Ch. Darwin: Reisetagebuch von 1837 a. a. O. (Anm. 3), S. 7.
32 Eine Artenentwicklung deutet Augustinus an in: De nuptiis et concupiscentia 1,19,21 (Migne P.L. 44,426,18) sowie in: Contra Faustum 26,3 (Migne P.L. 42,480,42) hier freilich eindeutig als künstlichen Eingriff (contra naturam); vgl. auch Anm. 34.
33 C. Linné: Systema naturae.
34 Der berühmteste Platonkommentator der Spätantike, Chalkidius, sprach von einem opus creatoris, einem opus naturae und einem opus artificis. Dieses Motiv nahm Wilhelm von Conches in seinem »Dragmaticon« auf und unterschied nur noch die beiden ersteren. Vom opus naturae sagt er: »Opus naturae est, quod similia nascantur ex similibus«. Sofern dieses »similia« sich auf Lebewesen bezieht, gehen diese für Wilhelm wie für Augustinus aus präexistenten Keimen (rationes seminales) hervor. Darüber sagt er: »(seminalis ratio) quae a philosophis naturalis ratio sive vocatur. Est itaque ut diximus ratio seminalis vis insita elementis etc. quod ita debet intelligi scilicet optitudo naturalis iuxta

quam similia ex similibus producuntur«. Diese »similitudo« schließt immer eine »distinctio« ein, und bei Augustinus gab es auch eine solche im Hinblick auf die pflanzliche Artung selbst, wenn die betreffenden Individuen aus ein und derselben ratio seminalis stammen. So erwähnte er einen Unterschied zwischen einem Edelölbaum und einem Wildölbaum, die er beide als verschiedene Arten bezeichnete. Vgl. Augustinus: De nuptiis et concupiscentia 1,19,21 (Migne P.L. 44,426,23).

35 Die Materie hat nach der Lehre des Kalam, als dessen Begründer Abu'l'Hasan Al Ash'ari und Abu'l-Mansur gelten, von sich aus nur vorübergehende Existenz und bedarf deshalb einer creatio continua von seiten Gottes.

36 A. Geulinx: Metaphysica vera I,5ff.; Etherica, tract. I,c.2, sect. 2, § 2 und 5.

37 G. W. Leibniz: Briefwechsel mit Clarke. 1. Brief, in: Philosophische Schriften, hrsg. von Gerhard, Bd. VII, S. 352.

38 Die ersten Ansätze finden sich bereits bei Adelhard von Bath in seinen »Quaestiones naturales«.

39 F. Krafft und H. M. Nobis: Artikel »Art« II und III, in: Historisches Wörterbuch der Philosophie, hrsg. von J. Ritter, Bd. I, Basel 1971, Sp. 526–531.

40 E. Unger: Der Darwinismus und die logische Struktur des biologischen Artbegriffes. Kantstudien 27 (1922) S. 86 ff.

41 Vgl. a. a. O. S.

42 Vgl. Anm. 40.

43 Auf de Candolle, der von einem allgemeinen Kampf in der Natur sprach, weist Darwin im ersten Teil ausdrücklich hin.

44 Vgl. Anm. 56.

45 Die Fundamente, Einl.

46 Hooykaas, Das Verhältnis von Physik und Mechanik in historischer Hinsicht, Wiesbaden 1963.

47 H. M. Nobis, Die Umwandlung der mittelalterlichen Naturvorstellung. Ihre Ursachen und ihre wissenschaftsgeschichtlichen Folgen. Arch. f. Begr. Gesch. XIII (1969).

48 Aristoteles, De gen. an, II, 3,737a27.

49 Arnaldus de Villanova, De conservanda santitatis Basilea 1585.

50 Aristoteles, Meteor. 381 b6.

51 Z. B. bei Monantholius, Henricus, Aristoteles Mechanica. Parisiis 1599 Epistola dedicatoria ad Principem, Vgl. H. M. Nobis »Die wissenschaftstheoretische Bedeutung der Quaestiones mechanicae« in: Studien z. Wissenschaftstheorie, Bd. IV, 1970, S. 59 f.

52 Z. B. bei G. A. Borelli, De motu animalium, Rom 1680, wo auch eine Statik des menschlichen Körpers gegeben wird.

53 Wundt nennt Haeckels Monismus eine »dichtende Metaphysik«: »Sie bewegt sich in einer Reihe willkürlicher Einfälle und un-

bestimmter Analogien, bei denen man sich trotz moderner Anspielungen in die Zeit versetzt fühlt, wo die Kunst des streng logischen Denkens noch nicht entdeckt war, und die positive Wissenschaft sich noch auf ihrer Kindheitsstufe befand.« Metaphysik, Berlin-Leipzig 1908, S. 123.

54 Vgl. dazu die späteren Auflagen von Darwins »Origins of Species«.

55 Origins, etc. I. A. S. 131.

56 So bietet sein Werk »Über die geschlechtliche Zuchtwahl«, welches zusammen mit der »Abstammung des Menschen« erschien (I. A. 1871), in einigen Kapiteln Anlaß zu stärksten Bedenken.

57 D. Cametti, Mechanica Pisis 1768 Praefatio p. III.

58 Dies nannte man seit dem Spätmittelalter das Occamsche Rasiermesser, obwohl dieses Prinzip schon vor Occam galt, z. B. heißt es bei Petrus Aureolus: »Non est philosophicum pluralitatem rerum ponere sine causa; frustra enim fit per plura quod fieri potest per pauciora« in: Sentenzenkommentar liber II. Distinctio 12 quaestio 1. Vgl. Anm. 10).

59 N. Copernicus, De hypothesibus motuum coelestium a se constitutis commentariolus. Deutsch von F. Rossmann, München 1948.

60 Darwins Reisetagebuch von 1837, a. a. O. S. 101.

61 Vgl. D. Cametti, a. a. O. (Anm.), c. IV, 58: »Leges motuum sunt illae, quas Deus voluit, ut servarent corpora dum moventur. Vocant quoque naturae leges, quod ab auctore naturae statutae sint.« Vgl. auch Galilei, Editione nazionale V 282 f., 316: »Gehorsamst führt die Natur die Anordnungen Gottes aus.«

62 N. Copernicus, a. a. O., 5. Forderung.

63 Alanus ab Insulis: De planctu naturae. Migne P. L. 210, 443 BC.

64 Ch. Darwin: Die Abstammung des Menschen, 1. Auflage 1871.

65 So heißt der Titel eines Haeckelschen Werkes von 1868. Im Vorwort zur 1. Auflage sagt Haeckel: »Die natürliche Schöpfungsgeschichte, oder richtiger ausgedrückt natürliche Entwicklungslehre ... ist seit dem Jahre 1859 durch die große geistige Tat von Charles Darwin in ein neues Stadium ihrer Entwicklung getreten.« Später bemerkt er selbst: »Streng genommen schließt der Ausdruck natürliche Schöpfungsgeschichte einen inneren Widerspruch, eine contradictio in adiecto ein.«

66 H. Conrad-Martius: Abstammungslehre, München 1949, S. 23.

67 E. Haeckel: Die Welträtsel. Gemeinverständliche Studien über monistische Philosophie. Mit einem Nachwort: Das Glaubensbekenntnis der reinen Vernunft. Volksausgabe Stuttgart 1899. Dagegen schrieb der Jesuit T. Pesch sein zweibändiges Werk Die großen Welträtsel. Philosophie der Natur. Freiburg 1907. Im 2. Band setzt er sich ausführlich mit dem Monismus auseinander.

68 H. Conrad-Martius: Utopien der Menschenzüchtung. Der Sozialdarwinismus und seine Folgen. München 1955. Diese Schrift wurde von der bekannten Husserlschülerin im Auftrag des Instituts für Zeitgeschichte, München, verfaßt.

69 I. A. von Gobineau: Essay sur l'inégalité des races humaines. Paris 1853–55, 4 Bände. Deutsch von Schemann unter dem Titel »Über die Ungleichheit der Menschenrassen«. Stuttgart 1898 bis 1901.

70 Es erschien 1920 bereits in 4. Auflage und wurde von Lenz in einer Rezension als das klassische Meisterwerk der deutschen Rassenhygiene bezeichnet.

71 A. Ploetz: Die Tüchtigkeit unserer Rasse und der Schutz der Schwachen. Grundlinie einer Rassenhygiene. Erster Teil 1895. (Der zweite Teil ist nie erschienen.) Der Schutz der Schwachen galt für die Sozialdarwinisten als Ursache der Rassenverschlechterung.

72 J. B. Haycraft: Natürliche Auslese und Rassenverbesserung. 1895.

73 ders. a. a. O.

74 ders. a. a. O.

75 K. Haensel: Das Gericht vertagt sich, S. 180–82.

Anmerkung zum Text

Der abgedruckte Darwintext enthält Anmerkungen von Francis Darwin, dem Sohn Darwins. Die deutsche Übersetzung von Maria Semon wurde durchgesehen, teilweise neu überarbeitet und ergänzt von Euthymios Papadimitriou.

I. TEIL

§ 1. Über Variation unter Domestikation und über die Prinzipien der Zuchtwahl

Ein unter neue Bedingungen versetzter Organismus variiert zuweilen in geringem Grade und in ganz nebensächlichen Punkten, wie z. B. in Körpergröße, Fettansatz, Farbe bei Tieren, ferner in Bezug auf Gesundheit, Gewohnheiten und wahrscheinlich auch Disposition. Auch die Lebensgewohnheiten helfen zur Entwicklung bestimmter Körperteile. Nicht-Übung atrophiert.

Wenn das Individuum sich während langer Zeiträume vegetativ vermehrt hat, ist die Variation zwar auch nur klein, doch größer, und gelegentlich trennt sich eine einzelne Knospe oder Individuum weit von seinem Typ[1]) und fährt fort, beständig durch Knospung diese neue Art fortzupflanzen.

Wird der Organismus mehrere Generationen hindurch unter neuen oder wechselnden Bedingungen gezogen, so wird die Variation größer in Quantität und endlos in Qualität. Das Wesen der äußeren Bedingungen tendiert, eine bestimmte Veränderung in den gesamten Nachkommen oder dem größeren Teil derselben zu erzeugen – wenig Nahrung geringe Größe – gewisse Nahrungsmittel unschädlich usw. usw. – Organe affiziert und Krankheiten – Ausdehnung unbekannt. Ein gewisser Grad von Variation (Müllers Zwillinge)[2]) scheint unvermeidliche Wirkung des Fortpflanzungsvorgangs. Doch wichtiger ist, daß einfache Fortpflanzung, besonders unter neuen Bedingungen unendliche Variation verursacht, aber nicht als direkte Wirkung der äußeren Bedingungen, sondern nur insoweit, als sie die reproduktiven Funktionen

---

[1]) Offenbar sollte hier ein Beispiel eingeschaltet werden.

[2]) S. *Origin*, Ed. I, S. 10, Ed. VI, S. 9. »Junge Tiere desselben Wurfs unterscheiden sich zuweilen bedeutend voneinander, obgleich sowohl die Jungen wie die Eltern, wie Müller hervorgehoben hat, genau denselben Lebensbedingungen ausgesetzt waren.

beeinflussen.[3]) Es scheint kein Körperteil zu existieren (»beau ideal« einer Leber)[4]), weder äußerer noch innerer, noch Verstand, noch Gewohnheiten oder Instinkte, die nicht in einem geringen Grade und auch manchmal in bedeutendem Maße variieren.

All diese Variationen, sowohl die angeborenen als die sehr langsam erworbenen aller möglichen Arten, zeigen eine ausgesprochene Tendenz, erblich zu werden; wenn dies nicht, werden sie eine bloße Varietät, wenn ja, eine Rasse. Jedes der Eltern überliefert seine Eigentümlichkeiten[5]), und daher, wenn Varietäten gestattet wird, frei zu kreuzen, werden, wo nicht durch Zufall zwei Individuen mit denselben Eigentümlichkeiten sich verbinden, solche Varietäten fortwährend wieder zerstört.[6]) Alle getrenntgeschlechtlichen Tiere müssen sich kreuzen, hermaphroditische Pflanzen kreuzen sich, es erscheint sehr möglich, daß hermaphroditische Tiere sich kreuzen, – dadurch Schlußfolgerung verstärkt: schlechte Wirkungen der Inzucht, gute Wirkungen der Kreuzung wahrschein-

---

[3]) Eine parallele Stelle findet sich *Origin,* Ed. I, S. 8, wo es heißt, daß »die häufigste Ursache der Variabilität darin zu suchen sei, daß die männlichen und weiblichen reproduktiven Elemente schon vor dem Akte der Konzeption beeinflußt worden seien.

[4]) Dies soll wohl bedeuten, daß es auch unter den Lebern Varietäten geben müsse, sonst würden die Anatomen nicht von dem »beau idéal« einer Leber sprechen.

[5]) Die Stellung des folgenden Passus ist unsicher. »Wenn Individuen von zwei sehr verschiedenen Varietäten zur Kreuzung gebracht werden, bildet sich eine dritte Rasse – eine sehr fruchtbare Quelle der Variation bei Haustieren.« (In *Origin,* Ed. I, S. 20, sagt der Verfasser, daß »die Möglichkeit, durch Kreuzung ausgesprochene Rassen zu erzeugen, sehr übertrieben worden ist«.) »Wenn Kreuzung frei zugelassen, gehen die Charaktere reingezüchteter Eltern verloren, Anzahl der Rassen so (unleserlich) aber Unterschiede (?) außer den (unleserlich). Wenn aber Varietäten, die in sehr geringem Grad verschieden sind, zur Kreuzung gebracht werden, werden diese kleinen Variationen gestört, wenigstens für unser Unterscheidungsvermögen – eine Variation, die z. B. nur eben zu erkennen ist an langen Beinen, wird Nachkommen haben, die nicht so ausgezeichnet sind. Freie Kreuzung starker Faktor, um in einer Zucht Gleichförmigkeit zu erzeugen. Hier einzufügen: Tendenz, auf die väterliche Form zurückzuschlagen.«

[6]) Auf den verwischenden Effekt der Kreuzung wird auch in *Origin,* Ed. 1, S. 103, Ed. VI, S. 126 hingewiesen.

lich analog der guten Wirkung des Wechsels in den Lebensbedingungen.[7])

Wenn daher in irgendeinem Lande oder Gebiet alle Tiere ein und derselben Art zu freier Kreuzung gelangen, so wird bei ihnen einer schwachen Tendenz zum Variieren fortdauernd entgegengewirkt werden. Zweitens Rückschlag in die elterliche Form – analog der *vis medicatrix.*[8]) Wo aber der Mensch Wahl ausübt, werden neue Rassen rapid geschaffen – in jüngsten Jahren systematisch betrieben – in ältesten Zeiten häufig praktisch ausgeübt.[9]) Durch solche Zuchtwahl entstanden Rennpferd, Zugpferd – eine Kuh gut für Talggewinnung, eine andere zum Essen usw. – eine Pflanze ist nützlich wegen der Blätter, eine andere wegen der Früchte usw., eine dritte bietet mehrere verschiedene Produkte, je nach den Jahreszeiten. Auf ersterem Wege werden Tiere angepaßt durch direkte Wirkung einer Ursache, äußerer Bedingungen, wie z. B. Körpergröße auf Grund von Nahrungsmenge. Auf dem zweiten Wege können sie auch ebenso angepaßt werden, aber außerdem noch an bestimmte Zwecke und Tätigkeiten, die unmöglich das Wachstum beeinflussen können, ebensowenig wie das Vorhandensein des Talgziehers das Wachstum von Talg zu verursachen vermag. Solche gezüchtete Rassen, wofern sie nicht neuen Bedingungen ausgesetzt und vor jeder Kreuzung bewahrt wurden, werden nach mehreren Generationen sehr beständig, die Individuen einander sehr ähnlich und nicht zur Variation neigend. Aber der Mensch[10]) züchtet nur, was nützlich oder interessant – hat schlechtes Urteil, ist launenhaft – beseitigt nur sehr ungern Exemplare, die sein Ideal nicht erreichen, entbehrt Fähigkeit

---

[7]) Eine Diskussion über die Kreuzung von Hermaphroditen im Hinblick auf Knights Ansichten über dieses Thema findet sich in *Origin,* Ed. I, S. 96, Ed. VI, S. 119. Der Parallelismus zwischen Kreuzung und Wechsel der Bedingungen wird in *Origin,* Ed. I, S. 267, Ed. VI, S. 391, kurz berührt, in *The Effects of Cross and Self-Fertilisation in the Vegetable Kingdom,* 1876, aber ausführlich untersucht.

[8]) In Broughams *Dissertations,* 1839, von denen sich ein Exemplar in meines Vaters Bibliothek befand, findet sich ein Artikel über »vis medicatrix«.

[9]) Diese Einteilung der Selektion in methodische und unbewußte finden wir auch in *Origin,* Ed. I, S. 33, 38.

[10]) *Origin,* Ed. I, S. 133, Ed. VI, S. 165.

im Hinblick auf innere Variationen zu züchten – vermag schwer die Bedingungen gleichförmig zu erhalten – wählt zur Zucht nicht diejenigen, die am besten den Bedingungen angepaßt, unter denen die betreffende Form lebt, sondern die, welche ihm am nützlichsten sind. Dies könnte alles anders sein.

§ 2. Über Variationen im Naturzustand und über die natürlichen Mittel der Zuchtwahl

Sehen wir, wie weit sich obengenannte Prinzipien der Variation auf wilde Tiere anwenden lassen. Wilde Tiere variieren außerordentlich wenig – trotzdem kann man die Individuen[11]) voneinander unterscheiden. Bei britischen Pflanzen ist in vielen Gattungen die Zahl der Varietäten und Arten ganz unsicher; bei Muscheln meist äußere Bedingungen.[12]) Primel und Himmelschlüssel. Man kann wilde Tiere verschiedener Länder erkennen. Der spezifische Charakter einiger Organe paßt sich unterschiedlich an. Variationen analog im Wesen, aber geringer im Grad als bei Haustieren – betreffen meist äußere und weniger wichtige Körperteile.

Unsere Erfahrung läßt uns annehmen, daß ein jeder von diesen Organismen variieren würde, wenn er weggenommen und unter neue Bedingungen versetzt würde. Die Geologie bekundet eine fortwährende Kette von Wechseln, die durch jede erdenkliche Änderung des Klimas und Untergang früherer Bewohner unbegrenzte Variationen neuer Bedingungen ins Leben rufen. Diese gewöhnlich sehr langsam, jedoch zweifelhaft, inwieweit die Langsamkeit eine Tendenz zu variieren erzeugen würde. Doch bezeugen Geologen Änderungen in der Konfiguration, die zusammen mit Ereignissen in Luft und Wasser und den Fortbewegungsmitteln, die jedes lebende Wesen besitzt, gelegentlich, und zwar ziemlich plötzlich, einen Organismus unter neue Bedingungen versetzen und ihn denselben einige Generationen lang aussetzen können. Daher

[11]) »Diese Stelle und eine ähnliche Diskussion über das Vermögen des Schöpfers entspricht dem Vergleich zwischen den auswählenden Fähigkeiten des Menschen und der Natur.« (In »Orig.« Bd. I, S. 83, Bd. VI, S. 102.)

[12]) »Sie sind einzeln zu unterscheiden.«

können wir annehmen, daß hie und da eine wilde Form variiert[13]); möglicherweise ist dies auch der Grund, warum manche Arten mehr als andere variieren.

Je nach dem Wesen der neuen Bedingungen müßten wir erwarten, daß alle oder doch die meisten inmitten derselben geborenen Organismen nach einer bestimmten Seite hin variieren würden. Ferner müßten wir erwarten, daß die Form, in die sie gegossen, gleichfalls in geringem Grade variieren müsse. Gibt es jedoch Mittel, jene Nachkommen auszuwählen, die in derselben Weise variieren, sie zu kreuzen und ihre Nachkommen abzuschließen und auf diese Weise ausgewählte Rassen zu erzeugen: denn sonst, indem wilde Tiere sich frei kreuzen, müßten kleine heterogene Varietäten fortwährend gegenseitig aufgewogen werden und verloren gehen und so eine Einförmigkeit der Charaktere erhalten werden. Die erwähnte Variation ist zu betrachten als die direkte und notwendige Folge von Ursachen, die wir in ihrer Wirkung beobachten können, so z. B. Körpergröße auf Grund von Nahrungsmenge, Wirkung bestimmter Arten von Nahrung auf bestimmte Teile des Körpers usw. usw., solche neue Varietäten dürften sich sodann den äußeren Faktoren anpassen, die auf sie einwirken. Können jedoch Varietäten erzeugt werden, angepaßt einem Zwecke, der unmöglich ihre Struktur beeinflussen kann, den aber andrerseits als Wirkung des Zufalls anzusehen unsinnig wäre. Können Variationen, sowie einige Rassen domestizierter Tiere, wie fast alle wilden Arten, erzeugt werden, versehen mit Anpassungen, mit wundervollen Fähigkeiten auf irgendein Tier Jagd zu machen oder irgendeinem andern Tier zu entfliehen – oder vielmehr, indem hier die Wirkungen von Intelligenz und Gewohnheit außer Frage gestellt werden: Kann eine Pflanze an Tiere angepaßt werden, wie z. B. eine Pflanze, die nicht ohne Vermittlung von Insekten befruchtet werden kann; oder mit Haken versehene Samen, die von der Existenz von Tieren abhängig sind. Wollige Tiere können ja doch keine direkte

[13]) Als der Verfasser diese Skizze schrieb, scheint er von dem allgemein verbreiteten Auftreten von Variationen im Naturzustand noch nicht so überzeugt gewesen sein, wie er es später wurde. Der obige Passus im Text scheint darauf hinzuweisen, daß er zu jener Zeit mehr Wert auf »sports« oder »Mutationen« legte, als später der Fall war.

Einwirkung auf die Samen von Pflanzen haben! Dieser Punkt, den alle Theorien über die anpassende Wirkung des Klimas auf den Specht und sein Hinaufrennen an den Bäumen[14]), Mistel ⟨Rest unleserlich⟩. Gesetzt jedoch, daß jeder Teil einer Pflanze oder eines Tieres variieren würde, und gesetzt, daß ein den Menschen an Intelligenz weit übertreffendes Wesen, nicht aber ein allwissender Schöpfer, durch Tausende und Abertausende von Jahren alle diejenigen Variationen auswählen würde, die auf bestimmte Zwecke hinzielten, so z. B. wenn es voraussähe, daß ein zur Gattung der Hunde gehöriges Tier besser daran sein würde, wenn es – in einem an Hasen reicheren Land – längere Beine und ein schärferes Auge hätte –, so würde es den Windhund erzeugen.[15]) Wenn es ferner sähe, daß Wassertiere Haut zwischen den Zehen benötigten. Oder wenn aus irgendeinem unbekannten Grunde jenes Wesen fände, daß es einer Pflanze nützen würde, die wie die meisten Pflanzen gelegentlich von Bienen besucht wird usw., wenn die Samen dieser Pflanze von Vögeln gefressen und dann auf morsche Bäume getragen würden, so könnte es Bäume mit Früchten wählen, die für die darauf verweilenden Vögel noch schmackhafter wären, damit sicher jener Samen auf diese Bäume getragen würde; wenn es bemerken würde, daß jene Vögel die Samen häufiger fallen ließen, so könnte es recht gut einen Vogel ausgewählt haben, der morsche Bäume bevorzugte oder allmählich Pflanzen ausgelesen haben, von denen es in Erfahrung gebracht hätte, daß sie am besten auf mehr oder weniger morschen Bäumen gediehen. Wer, der beobachtet, wie Pflanzen in einem Garten variieren, was also der blinde, törichte Mensch in einigen wenigen Jahren fertig gebracht; wird ableugnen, was ein alles sehendes Wesen in Tausenden von Jahren bewirken könnte (wenn der Schöpfer[16]) die Absicht gehabt hätte, dies zu tun),

[14]) Der Verfasser kann möglicherweise das Beispiel mit dem Specht aus Buffon, *Histoire Nat. des Oiseaux,* T. VII, S. 3, 1780, genommen haben, wo der Fall indessen von einem anderen Gesichtspunkte betrachtet ist. Er führt dies Beispiel mehr als einmal an, so z. B. *Origin,* Ed. I, S. 3, 60, 184. Der obige Passus korrespondiert mit einer Betrachtung über Specht und Mistel in *Origin,* Ed. I, S. 3.

[15]) Dieses Beispiel findet sich auch in *Origin,* Ed. I, S. 90, 91, Ed. VI, S. 110, 111.

[16]) Siehe *Origin,*S. 83, Ed. VI, S. 102, wo das Wort »Schöpfer« durch »Natur« ersetzt ist.

entweder durch seine eigene direkte Voraussicht oder auf mittelbare Wege – was den Schöpfer dieses Universums wiederspiegeln würde –. Dies scheint gewöhnlich so zu sein. Wohlverstanden, ich sage hier nichts über Leben und Seele und die Abstammung aller Formen von einem gemeinsamen Typus.[17]) Ich spreche nur über die Variationen der bestehenden großen Gruppen des Reiches der Organismen; wie weit ich zu gehen denke, wird später klar werden.

Bevor erwogen wird, ob es natürliche Mittel der Selektion gibt und zweitens – und dies bildet den zweiten Teil dieser Skizze – der weit wichtigere Punkt, ob die Charaktere und Beziehungen der lebenden ⟨Wesen⟩ derartig sind, daß die Idee gerechtfertigt erscheint, daß wilde Arten aus ein und demselben Stamme hervorgegangene Rassen sind, und so wie die Varietäten der Kartoffeln oder Dahlien oder des Rindviehs entstanden, betrachten wir einmal den mutmaßlichen Charakter der wilden Varietäten.

Natürliche Zuchtwahl. De Candolles Krieg in der Natur könnte – sieht man das zufriedene Aussehen der Natur – zunächst angezweifelt werden; wir beobachten ihn an den Grenzen der ewigen Kälte.[18]) Bedenkt man aber die enorme geometrische Vermehrungskraft jedes Organismus und daß jedes Land unter gewöhnlichen Umständen bis zur höchsten Möglichkeit mit Organismen besetzt sein würde, so sieht man, daß er vorhanden sein muß. Malthus bezüglich des Menschen – bei Tieren keine moralische Hemmung – sie erzeugen Nachkommen in dem Teil des Jahres, wo Vorräte am üppigsten oder Jahreszeit am günstigsten – jedes Land hat seine besonderen Jahreszeiten –, Rotkehlchen ausrechnen – schwanken je nach Jahren der Vertilgung.[19]) Brauchte es noch Beweise, so

[17]) Im Original folgende Anmerkung »Gute Stelle, um einzuschalten, auf Grund von später zu gebenden Beweisen, wie weit ich meine Theorie ausdehnen will; je weiter – sagen wir auf die gesamten Säugetiere – desto dünner und dünner werden die Beweise.«

[18]) S. *Origin*, Ed. I, S. 62, 63, Ed. VI, S. 77, wo in ähnlicher Weise auf De Candolle verwiesen wird; bezüglich Malthus s. *Origin*, S. 5.

[19]) Dies dürfte sich auf den Grad der vor sich gehenden Ausrottung beziehen, s. *Origin*, Ed. I, S. 68, Ed. VI, S. 84, wo sich eine Schätzung späteren Datums über die Sterblichkeit der Vögel findet. »Rotkehlchen ausrechnen« bezieht sich wahrscheinlich auf eine Berechnung der Zunahme dieser Vögel unter günstigen Lebensumständen.

setze man irgendeinen besonderen Wechsel des Klimas bei uns voraus, und wie erstaunlich würden einige Stämme zunehmen, auch eingeführte Tiere[20]) – das Nachdrängen ist stets vorhanden – Fähigkeit alpiner Pflanzen, andere Klimate zu ertragen – man denke an unzählige Samen, die umhergestreut werden – Wälder gewinnen ihren alten Prozentsatz zurück[21]) – Tausende von Keilen[22]) werden in den Haushalt der Natur hineingetrieben. Dies alles erfordert viel Nachdenken; Malthus studieren und die Vermehrungsstatistik nachrechnen, die periodischen Widerstände in Betracht ziehen.

Die unvermeidliche Wirkung dieser Sache ist, daß viele Individuen jeder Spezies entweder im Ei zerstört werden oder als Junge oder als Erwachsene, am häufigsten aber im ersten Zustand. Im Lauf von 1000 Generationen ist es unumgänglich, daß unendliche Unterschiede sich bemerkbar machen[23]); wenn ungewöhnlich kalter Winter oder heißer oder trockner Sommer eintritt, dann wird bei der gesamten Gemeinschaft der Individuen irgendeiner Art, falls die kleinsten Verschiedenheiten im Bau, Gewohnheiten, Instinkten, Gesundheit usw. vorhanden, dies sich geltend machen; je nachdem sich die Bedingungen ändern, wird ein einigermaßen größerer Bruchteil erhalten bleiben; so z. B. wenn die stärkste Hemmung der Vermehrung die Samen oder Eier trifft, so werden im Laufe von 1000 Generationen oder 10 000 jene Samen (wie z. B. solche, die mit Daunen zum Fliegen ver-

---

[20]) In *Origin*, Ed. I.,S. 65, Ed. VI., S. 80 führt der Verfasser Rinder und Pferde und gewisse Pflanzen in Südamerika und amerikanische Pflanzenspezies in Indien an und ferner als unerwartete Folgen veränderter Bedingungen das Einzäunen eines Stücks Heideland und die Beziehungen zwischen Befruchtung des Klees u. Vorhandensein von Katzen (*Origin*, Ed. I., S. 74, Ed. VI., S. 91).

[21]) *Origin*, Ed. I., S. 74, Ed. VI., S. 91. »Man hat beobachtet, daß die Bäume, die jetzt auf ... alten indischen Grabmälern wachsen – dieselbe schöne Mannigfaltigkeit, dasselbe Verhältnis der Arten aufweisen, wie in den umliegenden Urwäldern.«

[22]) Das Gleichnis von den Keilen findet sich auch in *Origin*, Ed. I., S .67. »Es ist von der Kopie der ersten Aufgabe ausgestrichen: es kommt in der VI. Auflage nicht vor.«

[23]) In einem flüchtigen Resümee am Schlusse der Skizze finden sich die Worte »Jedes Geschöpf existiert dank einem Kampfe, jedes Körnchen auf der Waage macht sich geltend.«

sehen sind)[24]), die am weitesten fliegen konnten und sich also entsprechend zerstreuten, schließlich am meisten Pflanzen erzeugen. Auch tendieren jene kleinsten Unterschiede, sich zu vererben, ähnlich den Schattierungen des Ausdrucks im Gesicht des Menschen. So, wenn irgendein elterlicher Fisch seine Eier unter unendlich verschiedenen Umständen ablegt, wie z. B. in seichteres oder tieferes Wasser usw., wird sich das geltend machen.

Angenommen, die Vermehrung der Hasen[25]) nähme ab, indem Veränderung des Klimas bestimmte Pflanzen affizierte, und auch die wilden Kaninchen gingen in demselben Verhältnis zurück, so würde dies gleichzeitig zur Abnahme irgendeines hundeartigen Tieres führen, das bis dahin seinen Hauptunterhalt aus der Jagd auf Kaninchen oder dem Aufspüren derselben mittels Geruchs gezogen hatte, und dies könnte schließlich dessen Untergang veranlassen. Variieren jedoch die Formen dieser Hunde auch nur ein wenig, so würden, indem durch 1000 Jahre hindurch die langbeinigen, schnellen erhalten blieben und die langsameren radikal vernichtet würden, ihre Formen, falls kein Naturgesetz dies hinderte, sich ändern.

Man erinnere sich, wie rasch es Bakewell nach diesem Prinzip gelang, Rinder, und Western gelang, Schafe abzuändern, indem sie vorsichtig eine Kreuzung mit andern Zuchten vermieden. Wir können nicht annehmen, daß eine Pflanze tendiert, lediglich in bezug auf ihre Frucht, eine andere lediglich in bezug auf ihre Blüte, und wieder eine andere lediglich in bezug auf Blüte und Blatt, zu variieren – manche sind sowohl der Früchte wie der Blüten halber zur Auslese gelangt: daß ein Tier in seiner Hautbedeckung variiere und ein anderes nicht – und wieder ein anderes in der Milch. Nimm irgendeinen Organismus und frage dich, in welchem Punkte sein Nutzen besteht, so wird es sich finden, daß dies auch der Punkt ist, in dem er variieren wird: Kohl in seinen Blättern – Korn in Größe und Qualität der Körner, beide in dem Zeitpunkte ihrer Reife – welsche Bohnen in ihren Schoten und Baumwolle in den Samenhüllen usw. usw.; Hunde in Intelligenz, Mut, Schnelligkeit und Geruchssinn – Tauben in Eigentümlichkeiten, die an Monstrositäten grenzen. Alles dies

[24]) Vgl. *Origin*, Ed. I., S. 77, Ed. VI., S. 94.

[25]) Dies ist eine Wiederholung des auf S. 39 Gesagten.

bedarf der Überlegung – es müßte in das erste Kapitel aufgenommen werden, falls es Stich hält, was meiner Meinung nach der Fall. Es ist jedoch im besten Fall Hypothese.[26])

Die Variation in der Natur ist viel geringer, aber diese Auslese ist viel strenger und wählerischer. Dagegen die vom Menschen erzeugten Rassen passen sich nicht nur den Bedingungen nicht besser an, sondern häufig überhaupt keiner Rasse, wenn z. B. der Mensch Alpenpflanzen im Garten sich hält und kultiviert. Natur läßt ein Tier existieren, bis sich tatsächlich herausstellt, daß es schlechter imstande ist, die erforderliche Leistung für das erwünschte Ziel zu erfüllen; der Mensch urteilt allein nach seinem Auge, ohne zu wissen, ob Nerven, Muskeln, Arterien im Verhältnis zur Veränderung der äußeren Gestalt mit fortentwickelt werden.

Außer der Auslese durch Tod gibt es bei getrenntgeschlechtlichen Tieren die Auslese in der Zeit der vollsten Kraft, nämlich durch den Kampf der männlichen Individuen; selbst bei Tieren, die paarweise leben, scheint ein Überschuß und ein Kampf vorzuliegen; möglicherweise wie beim Menschen mehr Männchen als Weibchen erzeugt, Wettstreit durch Kampf oder Reize.[27]) Daher wird dasjenige Männchen, das zu jener Zeit in vollster Kraft steht, oder am besten mit Waffen oder dem Schmucke seiner Art ausgerüstet ist, in hundert Generationen einen kleinen Vorteil gewinnen und dieselben Eigenschaften seinen Nachkommen weiter übermitteln. Und ebenso wird auch unter den zu den Brutgeschäften berufenen Weibchen das kräftigste, geschickteste und fleißigste, ⟨dessen⟩ Instinkte am höchsten entwickelt ⟨sind⟩, mehr Junge aufziehen, die möglicherweise die guten Eigenschaften der Mutter besitzen, und dadurch wird eine größere Anzahl für den Kampf der Natur vorbereitet sein. Vergleiche mit dem menschlichen Züchter, der bloß Männchen von gutem Stamm

---

[26]) Vgl. *Origin*, Ed. I., S. 41, Ed. VI., S. 47. »Ich habe die in allem Ernst gemachte Bemerkung gehört, wie günstig es sei, daß die Erdbeere gerade damals begonnen habe zu variieren, als die Gärtner begannen, ihr Beachtung zu schenken. Doch haben ohne Zweifel die Erdbeeren von Beginn ihrer Kultivierung an variiert, nur daß die leichten Varietäten früher keine Bachtung fanden.«

[27]) Hier haben wir bereits die beiden Typen der sexuellen Auslese, wie sie in *Origin*, Ed. I, S. 88 u. f. u. Ed. VI., S. 108 diskutiert werden.

benützt. Diese letztere Gruppe von Fällen findet nur beschränkte Anwendung, bezieht sich bloß auf Variation spezifischer Sexualcharaktere. Hier einzufügen: Gegensatz zu Lamarck – Absurdität, daß Gewohnheit oder Zufall oder äußere Bedingungen einen Specht einem Baum anzupassen vermögen.[28])

Vor Betrachtung der Schwierigkeiten der Selektionstheorie wäre zu untersuchen der Charakter der von der Natur, wie soeben angegeben, erzeugten Rassen. Lebensbedingungen haben sich langsam verändert, und die während ihres gesamten Lebenslaufs den veränderten Bedingungen am besten angepaßten Organismen sind stets zur Auslese gekommen, – der Mensch dagegen bestimmt einen kleinen Hund zur Auslese und gibt ihm dann sehr reichliche Nahrung, – wählt einen Stamm mit langem Rücken und kurzen Beinen und gibt ihm keine Gelegenheit, die entsprechende Funktion auszubilden usw. usw. In gewöhnlichen Fällen gestattet die Natur nicht, daß eine ihrer Rassen verunreinigt wird durch Kreuzung mit einer anderen Rasse (wogegen Landwirte wissen, wie schwierig es für sie bei ihren Rassen ist, dasselbe zu verhindern); dies äußert sich im Reinbleiben der Arten. Schwierigkeit der Kreuzung und Unfruchtbarkeit nach geglückter Kreuzung einerseits und im allgemeinen eine größere Anzahl von Verschiedenheiten andrerseits sind die beiden Hauptzüge, durch die sich natürliche Arten von domestizierten Rassen unterscheiden.

Wird durch Analogien Licht auf die Tatsache geworfen werden können, daß vermeintliche natürliche Rassen unter sich unfruchtbar sind, während dies bei keinen domestizierten der Fall ist? Herbert und Koelreuter haben gezeigt, daß äußere Unterschiede uns keinen Aufschluß darüber geben, ob Bastarde fruchtbar sein werden oder nicht; der Hauptumstand dabei besteht in konstitutionellen Verschiedenhei-

---

[28]) Es ist nicht verständlich, warum der Verfasser sich dagegen wehrt, daß »Zufall« oder »äußere Bedingungen« einen Specht formen sollen. Gibt er doch zu, daß Variation im letzten Grunde auf Lebensbedingungen zurückzuführen ist, und daß das Wesen des Zusammenhangs unbekannt, mit anderen Worten, daß das Resultat ein zufälliges ist. Es erhellt somit nicht, auf wie viel von diesem Passus des Originals sich das ?? bezieht.

ten[29]), so z. B. die Anpassung an verschiedenes Klima, verschiedene Bodenart; solche Verschiedenheiten umfassen wahrscheinlich den ganzen Körper eines Organismus und nicht nur irgendeinen Körperteil.

Nun vermehren sich wilde Tiere, die ihren natürlichen Lebensbedingungen entzogen werden, nur selten. Ich beziehe mich hier nicht auf Menagerien oder Zoologische Gärten, wo viele Tiere kopulieren, aber keine Junge zeugen, und andere nie kopulieren, sondern auf wilde Tiere, die gefangen wurden und sich danach in ganz gezähmtem Zustande um die Häuser herum in Freiheit bewegten und gut gefüttert ein langes Leben hindurch aufhielten. Kreuzung erfolgte unter diesen Umständen fast ebensoleicht wie Reinzucht. St. Hilaire macht starke Unterscheidung zwischen zahm und domestiziert. – Elefanten – Frettchen. Reproduktive Organe in Zoologischen Gärten sind keinen Krankheiten unterworfen.[30]) Anatomische Untersuchung und Mikroskop zeigen, daß Bastarde zwischen den Paarungszeiten sich in genau demselben Zustand befinden wie andere Tiere, oder wie die Tiere, welche in wildem Zustand eingefangen und n i c h t d o m e s t i z i e r t ihr ganzes Leben verbringen, ohne Nachkommen zu zeugen. Hier muß bemerkt werden, daß Domestikation weit entfernt davon ist, ungünstig zu wirken, daß sie vielmehr fruchtbarer macht: Soweit es sich um Tiere handelt, könnte auch an Einwirkung auf ihre Psyche und an individuelle Eigentümlichkeiten gedacht werden.

Wenden wir uns den Pflanzen zu, so finden wir dieselben Gruppen von Tatsachen. Ich denke nicht an das Nichtreifen von Samen, was vielleicht der gewöhnlichste Fall, sondern an das Unterbleiben des Fruchtansatzes, das auf eine Unvollkommenheit entweder der Ovulae oder des Pollens zurückzuführen ist. Lindley sagt, Unfruchtbarkeit sei der Fluch aller

---

[29]) In *Origin,* Ed. I, S. 258, wo mein Vater auch diese konstitutionellen Unterschiede erwähnt, schreibt er diesselben dem reproduktiven System ausschließlich zu.

[30]) Die Empfindlichkeit des reproduktiven Systems gegen veränderte Bedingungen wird in *Origin,* Ed. I, S. 8, Ed. VI., S. 10 stark betont.

Das Frettchen wird in seiner Eigenschaft als ein in der Gefangenschaft fruchtbares Tier in *Varition under Domestication,* Ed. 2, II, S. 90 erwähnt.

Pflanzenzüchter – Linné über alpine Pflanzen, amerikanische Sumpfpflanzen – Pollen in genau demselben Zustand wie bei Bastarden – dasselbe bei Geranien. Persischer und chinesischer Flieder[31]) will in Italien und England nicht Samen ansetzen. Wahrscheinlich schulden gefüllte Pflanzen und alle Obstarten die starke Entwicklung gewisser Teile in erster Linie der Unfruchtbarkeit und der Extrazufuhr von Nahrung, die diesen Teilen infolgedessen zuteil wird.[32]) Wir sehen auch hier Abstufungen der Unfruchtbarkeit, und es werden dann Pflanzenteile, ähnlich wie Krankheiten, durch Vererbung weitergegeben. Wir können keinen Grund angeben, warum die pontische Azalee viel Pollen produziert, die amerikanische aber nicht, warum der gewöhnliche Flieder Samen erzeugt und nicht der persische, wir sehen an ihnen keinen Unterschied bezüglich ihrer Gesundheit. Wir wissen nicht, auf welchen Umständen diese Tatsachen basieren, warum das Frettchen und das *Cheetah* sich in der Gefangenschaft fortpflanzen, warum Elefant und Schwein in Indien dies nicht tun.[33])

Nun ist es bei Kreuzungen gewiß, daß jede Eigentümlichkeit der Form und Konstitution vererbt wird: eine alpine Pflanze vererbt ihre alpinen Neigungen ihren Nachkommen, eine amerikanische Pflanze ihre amerikanische Sumpfkonstitution, und bei Tieren vererben sich diejenigen Eigentümlichkeiten, auf denen ihre Unfähigkeit unter unnaturgemäßen

---

[31]) Lindleys Bemerkung wird in *Origin*, Ed. I ,S. 9 zitiert. Linnés Bemerkung geht dahin, daß alpine Pflanzen tendieren im Kulturzustand unfruchtbar zu werden (s. *Variation under Domestication*, Ed. 2, II, S. 147). An derselben Stelle spricht der Verfasser davon, daß torfliebende Pflanzen in unseren Gärten unfruchtbar werden – zweifellos denkt er dabei an die oben erwähnten amerikanischen Sumpfflanzen. Auf der nachfolgenden Seite jenes Werkes (S. 148) kommt er ebenfalls auf die Unfruchtbarkeit des Flieders (*Syringa persica* und *chinensis*) zurück.

[32]) Der Verfasser meint hier wahrscheinlich, daß die Vermehrung der Blumenblätter ein Resultat der vermehrten Nahrungszufuhr sei, die ihnen infolge ihrer Unfruchtbarkeit zufiel. S. die Diskussion in *Var. under Dom.*, Ed. 2, II, S. 151. Doch muß bemerkt werden, daß gefüllte Blüten auch ohne bemerkbare Unfruchtbarkeit vorkommen.

[33]) Bezüglich des etwas zweifelhaften Falles des *Cheetak (Felis jubata)* vgl. *Var. under Dom.*, Ed. 2, II, S. 133. Auf welche Tatsache sich »Schwein in Indien« bezieht, ist mir unbekannt.

Lebensbedingungen Nachkommen zu erzeugen, beruht; und außerdem vererben sie jeden Teil ihrer Konstitution, ihre Atmung, ihren Puls, ihren Instinkt; diese werden plötzlich alle umgewandelt; ist es da ein Wunder, daß sie unfähig sind, Nachkommen zu erzeugen? Ich glaube, man könnte sogar sagen, es wäre wunderbarer, wenn sie welche erzeugten. Nun könnte man aber fragen, warum die anerkannten Varietäten, wenn sie vom Menschen erzeugt sind, sich nicht vermehren. Variation ist abhängig vom Wechsel der Lebensbedingungen und von Auslese[34]), soweit wie nun eben des Menschen systematische oder unsystematische Auslese gegangen sein mag; der Mensch richtet sich nach der äußeren Form, hat, dank Unwissenheit, wenig Gewalt über innere, nicht äußerlich sichtbare konstitutionelle Unterschiede. Rassen, die seit langem domestiziert sind und stark variiert haben, pflegen gerade solche zu sein, die fähig waren, große Veränderungen durchzumachen und deren Konstitution einer Mannigfaltigkeit von Klimaten angepaßt war. Natur verwandelt langsam und allmählich. Gemäß vielen Autoren sind die verschiedenen Hunderassen ein weiteres Beispiel freier Kreuzungen zwischen modifizierten Arten. Es gibt keine Varietät, die seit Tausenden von Jahren an diesen bestimmten Boden oder diese bestimmte Situation, eine andere, die an jenen Boden, an jene Situation angepaßt wäre, und bis eine solche Varietät einmal erzeugt ist, ist die Frage noch nicht entschieden.[35])

Der Mensch konnte in vergangenen Epochen nach verschiedenen Klimaten hin Tiere und Pflanzen transportieren, die sich in diesen neuen Klimaten frei vermehrten. Die Natur

[34]) Der Verfasser denkt hier zweifellos an die Veränderung, die durch eine Summierung von Variationen mittels Auslese erzielt wird.

[35]) Der Sinn dieses Satzes wird erklärt durch eine Stelle in dem Manuskript von 1844. »Bevor der Mensch nicht zwei Varietäten von demselben Stamm ausgewählt haben, und sie an zwei verschiedene Klimate oder zwei verschiedene äußere Umgebungen angepaßt und sie während tausend oder mehreren Tausenden von Jahren streng darauf beschränkt haben und stets die hierfür bestgeeigneten Individuen immer wieder ausgelesen haben wird, kann überhaupt nicht von dem Ansatz zu einem Experiment die Rede sein«, d. h. also von einem Versuch, untereinander unfruchtbare Rassen zu züchten.

konnte, durch Auslese, solche Veränderungen langsam bewerkstelligen, so daß eben diejenigen Tiere, die geeignet waren, große Veränderungen zu erfahren, diverse Rassen zum Ausgangspunkt gedient haben, – übrigens große Zweifel über diesen Punkt.[36])

Vor Verlassen dieses Themas klar darauf hinzudeuten, daß ein gewisser Grad von Variation die Konsequenz des einfachen Reproduktionsaktes ist, sowohl bei vegetativer als auch bei geschlechtlicher Reproduktion, – wie dieser ungeheuer zunimmt, wo Eltern mehrere Generationen hindurch neuen Bedingungen ausgesetzt waren[37]), und wie wir jetzt finden, daß viele Tiere, wenn sie zum ersten Male sehr neuartigen Lebensbedingungen ausgesetzt werden, ebenso unfähig sind, Nachkommen zu erzeugen, wie dies bei Bastarden der Fall. Dieselben Erwägungen auch anzuwenden auf die Annahme, daß bei Kreuzungen Tiere, falls nicht überhaupt unfruchtbar wie Bastarde, dazu tendieren, stark zu variieren, was auch dort der Fall zu sein scheint, wo richtige Bastarde gerade noch hingenug Fruchtbarkeit besitzen, um einige Generationen hindurch mit Abkömmlingen der elterlichen Rasse und untereinander Junge zu erzeugen. Dies ist die Ansicht von Koelreuter. Diese Tatsachen beleuchten und stützen sich gegenseitig, wir sehen durchweg einen Zusammenhang zwischen den reproduktiven Fähigkeiten und dem Einfluß veränderter Lebensbedingungen, wie dies sowohl bei der Kreuzung als auch bei der Aussetzung der Individuen unter veränderten Bedingungen zutage tritt.[38])

---

[36]) In *Origin*, Ed. I, S. 141, Ed. VI, S. 176 spricht Ch. Darwin sich dahin aus, daß die Kraft, verschiedenartigen Lebensbedingungen zu trotzen, wie man sie beim Menschen und seinen Haustieren findet, der Beweis einer »sehr verbreiteten Elastizität der Konstitution« sei.

[37]) In *Origin*, Ed. I, Kap. I u. V nennt der Verfasser die bloße Reproduktion (ohne veränderte Lebensbedingungen) nicht als Ursache zur Variation. Bezüglich der steigernden Wirkung neuer Lebensbedingungen finden sich in *Origin*, Ed. I viele Stellen, so z. B. S. 7 und 12, Ed. VI., S. 8, 14.

[38]) Wie schon bemerkt, ist dies das wichtige Prinzip, das Ch. Darwin in »Cross- and Self-Fertilisation« näher untersucht hat. Bateson hat mir vorgeschlagen, daß man die betreffenden Experimente mit gametenreinen Individuen nachprüfen solle.

Schwierigkeiten einer Selektionstheorie[39])

Es kann eingewendet werden, daß derartig vollkommene Organe wie Auge und Ohr nie auf diese Weise gebildet werden konnten. In bezug auf das Ohr sind die Schwierigkeiten geringer, indem wir hier vollkommenere Abstufungen haben. Erscheint im ersten Augenblick unglaublich, und bis zuletzt ergeben sich Schwierigkeiten. Man denke jedoch an die Abstufungen, die auch jetzt noch manifest (Tibia und Fibula). Jeder wird zugeben, daß, wenn alle Fossilien erhalten wären, Abstufungen noch unendlich viel vollkommener zu beobachten sein würden; für Möglichkeit einer Auslese bedarf es vollkommener Abstufung. Verschiedene Gruppen von Struktur, leichte Abstufung innerhalb jeder Gruppe – Analogien machen es durchaus wahrscheinlich, daß Zwischenformen existiert haben. Man erinnere sich, was für sonderbare Metamorphosen; Teil des Auges, nicht direkt mit dem Sehen zusammenhängend, könnte allmählich diesem Zweck angepaßt werden; – Schwimmblase erwies sich durch Abstufungen ihrer Struktur als mit dem Gehörsystem zusammenhängend; – Klapperschlange. In einigen Fällen Abstufung nicht möglich, – Wirbel – die aber tatsächlich bei domestizierten Tieren variieren – weniger schwer, wenn man Wachstum nachgeht. Wenn man ganze Tiere betrachtet – Fledermaus nicht zum Fliegen geschaffen.[40]) Angenommen, es wären wirkliche Flugfische[41]) und nicht einer unserer jetzigen sogenannten »fliegenden Fische« erhalten, wer würde die dazwischen liegenden Gewohnheiten erraten. Sowohl Spechte als Baumfrösche gibt es in Ländern, wo keine Bäume sind.[42])

Die Abstufungen, durch welche hindurch jedes individuelle Organ, und jedes Tier mit seinem Aggregat von Organen bei seiner gegenwärtigen Stufe angelangt ist, werden wahrscheinlich nie erkannt werden können und stellen sämtlich große

[39]) In *Origin* ist ein Kapitel den »Schwierigkeiten der Theorie« gewidmet.

[40]) Die ist wohl so auszulegen: »Der allgemeine Bau einer Fledermaus ist derselbe wie der eines nichtfliegenden Säugetiers.«

[41]) d. h. wirkliche geflügelte Fische.

[42]) Der Erdspecht von Südamerika bildete den Gegenstand einer Arbeit Ch. Darwins, *Proc. Zool. Soc.*, 1870. S. *Leben und Briefe*, Bd. 3, S. 154.

Schwierigkeiten dar. Ich möchte bloß zeigen, daß die Vorstellung nicht so monströs ist, wie es anfänglich erscheint und daß, falls gute Gründe für die Annahme, daß verschiedene Arten von gemeinsamen Voreltern abstammen, vorgebracht werden können, die Schwierigkeit, sich die Struktur der Zwischenform vorzustellen, nicht genügt, ihretwegen die ganze Theorie abzulehnen.

§ 3. Über Variation bei Instinkten und anderen geistigen Eigenschaften

Die geistigen Kräfte der verschiedenen Tiere im wilden oder zahmen Zustande erfordern eine getrennte Behandlung. Ausdrücklich betone ich, daß ich mich nicht zu beschäftigen gedenke mit der Entstehung von Gedächtnis, Aufmerksamkeit und den verschiedenen Fähigkeiten des Geistes[43]), sondern nur mit ihren Unterschieden in jeder der großen Abteilungen der Natur. Geistige Disposition, Mut, Hartnäckigkeit, Mißtrauen, Unrast, Bosheit, Vernunft und ihr Gegenteil variieren bei Tieren sehr stark und werden auch vererbt (verwilderte Hunde in Cuba, Kaninchen, Furcht vor einem bestimmten Objekt wie dem Menschen auf Galapagos.[44]) Rein körperliche Gewohnheiten, Brutzeit usw., Zeit des Schlafengehens usw. sind verschieden und werden vererbt, ebenso wie analoge Gewohnheiten der Pflanzen, die gleichfalls verschieden sind und gleichfalls vererbt werden. Körperliche Gewohnheiten, wie Art und Weise der Bewegung, ebenso Gewohnheiten wie »Vorstehen« bei bestimmten Anlässen, ebenso Neigung hinter bestimmten Dingen herzujagen und Art und Weise dies zu tun – Schäferhund. Diese Eigentümlichkeiten werden alle klar gelegentlich einer Kreuzung und

[43]) Derselbe Vorbehalt findet sich in *Origin*, Ed. I, S. 207, Ed. VI., S. 319.

[44]) Die Zahmheit der Vögel auf Galapagos ist im *Journal of Researches* (1860), S. 398, geschildert. Hunde und Kaninchen werden wahrscheinlich erwähnt als Beispiele, bei denen sich die ererbte Furcht vor dem Menschen verloren hat. Im Manuskript von 1844 wird erwähnt, daß der kubanische wilde Hund große natürliche Wildheit entwickelt, selbst dann, wenn er ganz jung eingefangen wird.

ihre Analogie mit echtem Instinkt dabei erwiesen. – Apportierhund. Die Tiere kennen nicht den Zweck, weswegen sie solche Dinge tun. Lord Broughams Definition[45]) Entstehung teils aus Gewohnheit, Ausdehnung meist unbekannt, teils durch Auslese. Junge Vorstehhunde stehen vor Steinen, vor Schafen –, Purzeltauben – Schafe kehren zur Stelle, wo sie geboren, zurück.[46]) Instinkt von Vernunft unterstützt, wie beim Schneidervogel.[47]) Unterricht durch die Eltern, Kühe wählen das Futter, Vögel lernen singen. Instinkte variieren im Zustand der Wildheit (Vögel werden scheuer), gehen oft verloren[48]), werden vollkommener – Nest ohne Dach. Diese Tatsachen zeigen, in welcher unbegreiflichen Weise das Gehirn die Fähigkeit besitzt, intellektuelle Vorgänge zu übermitteln.

Fähigkeiten[49]) unterscheiden sich von echten Instinkten. Ich glaube es muß zugestanden werden, daß Verhaltensweisen, ob angeborene, oder durch Gewohnheit erworbene, oft vererbt werden. Instinkte, Einfluß, gleichzeitig mit Körperbau, die Erhaltung von Tieren; daher muß Auslese unter wechselnden Bedingungen in der Richtung wirken, die ererbten Eigenschaften der Tiere zu modifizieren. Sobald dies zugegeben wird, muß man auch die Möglichkeit einräumen, daß einige der sonderbarsten Instinkte auf diesem Wege erworben wurden. Ich möchte hier bemerken, ohne eine Definition geben zu wollen, daß eine ererbte Gewohnheit oder »Trick«

---

[45]) In *Origin*, Ed. I, S. 207, Ed. VI., S. 319 lehnte der Verfasser es ab, Instinkte zu definieren. Bezüglich Lord Broughams Definition s. seine *»Dissertation on Subjects of Science* etc.«, 1839, S. 27.

[46]) S. James Hogg (the Ettrick Sheperd), Works, 1865, *Tales and Sketches*, S. 403.

[47]) Bezieht sich auf die Tatsache, daß der Schneidervogel künstlichen Faden, den man ihm bietet, statt des selbstgedrehten verwendet.

[48]) »Gehen oft verloren« bezieht sich auf Instinkte. »Vögel werden scheuer« scheint ein nachträglicher Einfall gewesen zu sein. »Nest ohne Dach« bezieht sich auf die Wasseramsel, die es unterläßt, ein Dach zu bauen, sobald das Nest durch natürliche Bodenverhältnisse überwölbt ist.

[49]) Im Manuskript von 1844 findet sich eine interessante Diskussion über »Fähigkeiten« im Gegensatz zu »Instinkten«.

(Trick, weil es angeboren sein kann) die Bedingungen dessen nahezu erfüllt, was wir uns unter Instinkt vorstellen. Eine Gewohnheit wird oft unbewußt ausgeübt, die eigentümlichsten Gewohnheiten werden assoziiert, ebenso Tricks, z. B. das Gehen nach bestimmten Orten usw. usw. selbst gegen den Willen, man wird angeregt durch äußere Faktoren, hat keinen Zweck im Auge, – z. B. ein Mensch, der Klavier spielt. Wenn solche Gewohnheit vererbt würde, gäbe es einen großartigen Instinkt. Betrachten wir einige der schwierigsten Fälle von Instinkt daraufhin, ob diese möglicherweise erworben sein könnten. Ich sage nicht wahrscheinlicherweise, den das gehört zu unserem III. Teil, ich möchte dies besonders betonen, auch will ich gar nicht versuchen, eine genaue Methode aufzustellen. Ich möchte nur zeigen, daß nicht die ganze Theorie wegen dieses Punktes abgelehnt werden darf.

Jeder Instinkt muß, meiner Theorie nach, allmählich durch leichte Veränderungen aus einem früheren Instinkt entstanden sein, in dem jene Veränderungen sich als nützlich für die jeweilige Art erwiesen. Das Sichtotstellen erschien mir zuerst als bemerkenswerter Einwand. Ich fand indessen keinen wirklich fingierten Tod[50]) und auch, daß alle möglichen Grade vorhanden. Es ist nun zweifellos, daß jene Insekten, die dies mehr oder weniger stark betreiben, daraus einen Nutzen ziehen, wenn also irgendeine Art dies mehr zu tun pflegte, und diese dann besser entfliehen konnte usw. usw.

Man betrachte die Wander-Instinkte, Fähigkeit, die sich von Instinkt unterscheidet, Tiere haben Zeitbegriff – wie Wilde. Gewöhnlich wird Weg durch Gedächtnis gefunden – wie aber findet der Wilde seinen Weg über das Land – dies ist ebenso unverständlich für uns wie das Verhalten des Tiers für den Wilden, – geologische Veränderungen, – Fische im Fluß, – Fall von Schafen in Spanien.[51]) Architektonische Instinkte, – Angestellte eines Fabrikanten erwerben außerordentliches Geschick im Anfertigen eines bestimmten Artikels –, man sagt zuweilen, daß ein Kind mit einem derartigen Be-

[50]) Hiermit meint er, daß die beim »Totstellen« eingenommene Stellung der des wirklichen Totseins nicht absolut entspricht.

[51]) Dies bezieht sich auf die in der Skizze von 1844 erwähnten »Transandantes-Schafe«, die einen Wandertrieb erworben haben sollen.

griff vom Spielen auf die Welt kommt, –[52]) man kann sich vorstellen, wie Schneiderkunst in derselben Vollkommenheit erworben werden kann, – Mischung mit Verstand, – Wasseramsel, – Schneidervogel, – Abstufung vom einfachen Nest bis zum kompliziertesten.

Dann Bienen, Unterscheidung ihrer Fähigkeiten, – wie sie ein Sechseck verfertigen, – Theorie von Waterhouse,[53]) – der Trieb, jede der Fähigkeiten, die sie besitzen, zu verwenden, – so hat der Schneidervogel die Fähigkeit, mit seinem Schnabel zu nähen, der Instinkt treibt ihn, dies zu tun.

Letztes Beispiel: Eltern, die ihre Jungen mit verschiedener Nahrung füttern (man nehme den Fall der Galapagosvögel, Abstufungen von Kernbeißer[54]) bis Sylvia). Auslese und Gewohnheit könnte die alten Vögel veranlassen, Geschmack und Form zu verändern, daraus den Instinkt entwickelnd, ihre Jungen mit demselben Futter zu füttern – auch sehe ich keine Schwierigkeit darin, daß Eltern gezwungen oder bewogen werden, das von ihnen gebrachte Futter zu variieren, worauf durch Auslese die Jungen daran angepaßt werden, und auf diese Weise kann nach und nach jedes Maß von Verschiedenartigkeit erreicht werden. Obwohl wir niemals hoffen dürfen, den Weg erhellt zu sehen, auf dem die verschiedenen Instinkte erworben worden sind, denn wir besitzen nur die gegenwärtigen Tierformen (die wir nicht einmal gründlich kennen), um nach ihnen den Lauf der Veränderungen zu beurteilen. Das Prinzip der Gewohnheiten einmal vorausgesetzt, kann ich bislang, keine Grenze der Außerordentlichkeit von so erworbenen Gewohnheiten sehen, gleich ob sie angeboren oder durch Erfahrung erworben vererbt sind.

Zusammenfassung dieses Abschnitts. Wenn zugegeben wird, daß unter wilden Tieren gelegentlich Variation auftritt, – und wie können wir dies bezweifeln, da wir sehen, daß

---

[52]) In *Origin,* Ed. I, S. 209, VI, S. 321, wird in diesem Zusammenhang Mozarts pseudo-instinktive Fertigkeit im Klavierspiel erwähnt.

[53]) Bei der Diskussion über Bienenzellen, *Origin,* Ed. I, S. 225, VI, S. 343, spricht der Verfasser aus, daß seine Theorie von den Beobachtungen von Waterhouse ausgegangen sei.

[54]) Die Typen von Kernbeißer und *Sylvia* sind im *Journal of Researches,* S. 379, wiedergegeben. – Die obige Stelle erscheint mir nicht klar, doch stehe ich davon ab, eine Erklärung zu versuchen.

Tausende von Organismen, die der Mensch für irgendeinen Nutzen züchtet, variieren. Wenn wir einräumen, daß diese Variationen die Neigung haben, sich zu vererben, und wie können wir dies bezweifeln, wenn wir uns aller der Ähnlichkeiten in Körperbildung und Charakter erinnern – werden doch Krankheiten und Monstrositäten vererbt und unzählige Rassen produziert (1200 Kohlarten)! Wenn wir einräumen, daß Auslese dauernd am Werke ist, und wie kann man das bezweifeln, wenn man bedenkt, daß der Vorrat an Nahrungsmitteln auf einen gewissen Durchschnitt fixiert ist und die reproduzierenden Kräfte sich in geometrischer Zunahme betätigen. Wenn wir einräumen, daß die äußeren Lebensbedingungen wechseln, wie dies die Geologie lehrt, wie sie es immer getan haben und auch gegenwärtig tun. – Dann, vorausgesetzt, daß kein Naturgesetz dem entgegenwirke, müssen gelegentlich Rassen entstehen, die sich von den elterlichen Rassen unterscheiden. Es würde also solch ein Gesetz,[55]) keins ist bekannt, aber in allen Werken wird in direktem Widerspruch zu allen bekannten Tatsachen angenommen, daß die Summe möglicher Variation bald erreicht sei. Sind nicht alle die variationenreichsten Spezies die am längsten domestizierten: wer stellte sich vor, daß Pferde oder Korn so erzeugt werden könnten? Man nehme die Dahlie und die Kartoffel,[56]) wer wird in 5000 Jahren behaupten wollen, daß nicht große Veränderungen erzielt werden können: vollkommen den Lebensbedingungen angepaßt und dann wieder in neue Lebensbedingungen versetzt. Man denke, was allein in den letzten Jahren geleistet worden ist, bei Tauben und bei Rindern. Durch die Menge von Nahrung, die der Mensch erzeugen kann, mag er ja bei der Grenze der Körperfülle oder Größe

---

[55]) Ich glaube, diesen sehr dunklen Satz ungefähr folgendermaßen deuten zu dürfen: »Ein solches entgegenwirkendes Gesetz ist nicht bekannt, doch wird in allen diesbezüglichen Werken (im direkten Widerspruch zu allen den uns bekannten Tatsachen) ein Gesetz vorausgesetzt, durch welches das mögliche Maß an Variation eingeschränkt wird.« In *Origin* stellt Ch. Darwin die Möglichkeit der Variation, soviel ich weiß, auch nie als eine begrenzte dar.

[56]) In *Variation under Domestication*, Ed. 2, II, S. 263, wird die Dahlie als eine Pflanze beschrieben, die Empfindlichkeit gegen Lebensbedingungen zeigt. Alle Varietäten der Dahlien sollen übrigens erst seit 1804 entstanden sein (ebenda I, S. 393).

oder Dichtigkeit der Wolle angelangt sein, doch sind dies sehr nebensächliche Produkte und selbst diese betreffend halte ich es für unmöglich, zu behaupten, daß wir die Grenzen der Variationsmöglichkeiten kennen. Und deshalb schließe ich aus der auslesenden Tätigkeit der Natur, die unvergleichlich weise erscheint, verglichen mit der des Menschen, daß es unmöglich ist, zu behaupten, daß wir die Grenzen kennen, über die hinaus die Rassen sich nicht erblich verändern lassen; bei hinreichender konstitutioneller Verschiedenheit würden zwei erzeugte Rassen wahrscheinlich untereinander unfruchtbar sein, sie würden in einer höchst eigenartigen und bewunderungswürdigen Art, ihren Bedürfnissen entsprechend an die äußere Natur und an die anderen sie umgebenden Organismen angepaßt sein; solche Rassen würden den Wert von Arten besitzen. Existiert aber irgendein Zeugnis, daß Arten so entstanden sind – dies ist eine Frage, die völlig unabhängig ist von den beiden berührten Punkten, und die wir, nach Durchforschung des Reichs der Organismen auf die eine oder andere Weise zu beantworten haben werden.

II. TEIL

§ 4 u. 5. Über die Zeugnisse aus der Geologie[57])

Wir möchten vorausschicken, daß, nach der allgemein angenommenen Meinung, die Myriaden von Organismen, die diese Welt bevölkern, durch so und so viele unterschiedliche Schöpfungsakte geschaffen worden sind. Da wir über den Willen eines Schöpfers nichts wissen – sehen wir keinen Grund anzunehmen, daß zwischen den so geschaffenen Organismen irgendwelche Beziehungen existieren sollten; oder aber, sie könnten gemäß irgendeinem Schema erschaffen worden sein. Doch wäre es erstaunlich ,wenn dieses Schema mit dem übereinstimmen sollte, das der Abstammung von Gruppen von Organismen von denselben Eltern, unter Umständen, wie wir sie soeben darzulegen versucht haben, zugrunde liegen würde.

Mit demselben Anspruch an Wahrheit sagten die alten Kosmogonisten, daß Fossilien, wie wir sie jetzt sehen, mit einer trügerischen Ähnlichkeit mit lebenden Wesen geschaffen worden wären[58]); was würde der Astronom sagen zu einer Lehre, daß die Planeten sich nicht nach den Gesetzen der Gravitation bewegten, sondern so, wie der Schöpfer jedem einzelnen anbefohlen habe, sich in seiner besonderen Bahn zu bewegen? Ich bin der Ansicht, daß eine solche Annahme – alle Vorurteile beiseitegeschoben – ebenso zulässig sein würde, wie wenn man zugäbe, daß gewisse Gruppen von lebenden und ausgestorbenen Organismen zwar in ihrem Bau und in ihren Beziehungen zueinander und zu äußeren Lebensbedingungen mit unserer Theorie übereinstimmten, und Zeichen gemeinsamen Ursprungs aufwiesen – aber doch getrennt voneinander geschaffen worden wären. Solange man der Ansicht war, daß Organismen unmöglich variieren oder sich irgendwie in

---

[57]) Im Originalmanuskript heißt die Überschrift Teil III; doch ist es klar, daß Teil II gemeint ist. Wo § IV aufhört und § V anfängt, habe ich nicht entdecken können.

[58]) Diese Stelle korrespondiert einigermaßen mit dem Schluß von *Origin*, Ed. I., S. 482, Ed. VI., S. 661.

einer komplizierten Art und Weise an andere Organismen anpassen könnten, und zudem von ihnen durch eine unübersteigliche Schranke von Unfruchtbarkeit geschieden seien[59]), war es gerechtfertigt, trotz einer gewissen Wahrscheinlichkeit zugunsten einer gemeinsamen Abstammung, eine getrennte Erschaffung nach dem Willen eines allwissenden Schöpfers anzunehmen; oder, denn das kommt auf dasselbe hinaus, mit Whewell zu sagen, daß der Anfang aller Dinge über den Verstand des Menschen hinausgehe. In den vorstehenden Abschnitten habe ich mich bemüht zu zeigen, daß solche Variation und Spezifikation nicht nur nicht unmöglich, sondern daß sie, unter vielen Gesichtspunkten gesehen, sogar das absolut Wahrscheinliche ist. Welches sind nun die Zeugnisse für, welches gegen sie? Bei unserer unvollkommenen Kenntnis vergangener Epochen wäre es zu verwundern, wenn nicht gerade diese Unvollkommenheit gewisse ungünstige Zeugnisse schüfe.

Eine Skizze der Vergangenheit geben – mit Tatsachen, die bei unseren jetzigen Kenntnissen als feindlich erscheinen, – dann weiter schreiten zur geographischen Verbreitung, – Reihenfolge des Auftretens, – Verwandtschaften, – Morphologie usw. usw.

Unsere Theorie setzt voraus eine sehr graduelle Einführung neuer Formen[60]) und Ausrottung der alten (worauf noch zurückzukommen ist). Die Ausrottung der alten kann zuweilen plötzlich vor sich gehen, nie aber die Einführung der neuen. Bei den Gruppen, die von gemeinsamen Eltern abstammen, erfordert unsere Theorie eine vollkommene Abstufung, die in der äußeren Form keine größeren Unterschiede aufweist, als es die verschiedenen Zuchten von Rindern, Kartoffeln oder Kohl tun. Ich meine nicht, daß eine abgestufte Reihe von Tieren existiert habe als Zwischenstadium zwischen Pferd, Maus, Tapir[61]), Elefant, sondern daß diese gemeinsame Vorfahren gehabt haben müssen und daß zwischen dem Pferd und diesen Vorfahren, usw. usw., doch kann der gemein-

---

[59]) Eine ähnliche Stelle findet sich am Schluß von *Origin,* Ed. I., S. 481, Ed. VI., S. 659.

[60]) S. *Origin,* Ed. I, S. 312, Ed. VI., S. 453.

[61]) S. *Origin,* Ed. I., S. 280, 281, Ed. VI., S. 414. Dort braucht der Autor seine Erfahrungen mit Tauben als Illustration für das, was er sich unter Zwischenstadien vorstellt; das Beispiel von Pferd und Tapir kommt auch dort vor.

same Vorfahre sich stärker von jedem der beiden unterschieden haben, als sie beide gegenwärtig voneinander. Welche Zeugnisse besitzen wir nun hierfür? Eine so vollkommene Abstufung in einigen Abteilungen, daß einige Naturforscher der Meinung sind, daß, wenn man innerhalb gewisser großer Gruppen alle Formen sammeln würde, man einer absolut vollkommenen Abstufung nahekommen würde. Solch eine Vorstellung wäre verfehlt in bezug auf die Gesamtheit, aber sicher so in bezug auf Säugetiere. Andere Naturforscher haben die Ansicht geäußert, daß man jene vollkommene Abstufung erreichen würde, wenn man alle die in den geologischen Schichten eingeschlossenen Exemplare sammeln könnte.[62]) Ich sehe ein, daß keine Wahrscheinlichkeit, dies zu erreichen, vorhanden ist; trotzdem ist eines sicher, daß alle die zahlreichen fossilen Formen, wie Buckland bemerkt, n i c h t mit den gegenwärtigen Klassen, Familien und Gattungen z u s a m m e n fallen, sondern d a z w i s c h e n ; und dasselbe ist der Fall bei jeder Neuentdeckung lebender Formen. Die ältesten Fossilien, also die am meisten durch den Zeitraum von heutigen Formen getrennten, neigen am meisten dazu, zwischen die Klassen zu fallen (ebenso fallen Organismen aus denjenigen Ländern, die gleichfalls durch den weitesten Zwischenraum getrennt sind, ebenfalls zwischen die Klassen, Ornithorhynchus [. . .] soweit bisher die geologischen Entdeckungen gehen, neigen sie zur Annahme einer solchen Abstufung. Man könnte diese durch ein Netz veranschaulichen.[63]) Toxodon – Tibia

---

[62]) Das Fehlen der Zwischenformen zwischen lebenden Organismen (und auch Fossilien) wird in *Origin*, Ed. I., S. 279, 280, Ed. VI., S. 413 besprochen. Aus der obigen Stelle ist nicht zu ersehen, daß Ch. Darwin jene Schwierigkeit so lebhaft empfand, wie dies aus einer Stelle in *Origin*, Ed. I., S. 299 hervorgeht, wo er von ihr als von dem »offenbarsten und ernstesten Einwand, den man gegen meine Theorie erheben kann« spricht. – Aber in einem flüchtigen Resümee, das er auf die Rückseite der vorletzten Seite des Manuskripts hingeworfen, bezieht er sich auf die zoologischen Zeugnisse. Es heißt dort: »Zeugnisse, soweit vorhanden, günstig, äußerst unvollständig – größte Schwierigkeit dieser Theorie, bin jedoch überzeugt, nicht unüberwindlich«. Bucklands Bemerkungen sind zitiert in *Origin*, Ed. I, S. 329, Ed. VI., S. 471.

[63]) Daß das Zeugnis der Geologie, soweit solches vorhanden, der Deszendenztheorie günstig ist, wird in *Origin*, Ed. I., S. 343–345, Ed. VI., S. 490–92 gleichfalls betont. Was den Ausdruck »Netz«

und Fibula – Hund und Otter. Aber so äußerst unwahrscheinlich ist es, z. B. aus den ausgestorbenen Gruppen der Pachydermen eine so vollkommene Serie wie die unserer Rinderrassen herzustellen, daß, wenn dies von mir verlangt würde, und zwar für jede Periode der Erdgeschichte, die doch nach der Ansicht vieler Geologen ein annähernd fortlaufendes Dokument darstellt, meine Theorie aufgegeben werden müßte. Gesetzt selbst, daß dies Dokument ein fortlaufendes wäre, so würde es – bei dem gegenwärtigen Stand unserer Kenntnisse – nur Serien eines bestimmten Distrikts aufzustellen vermögen; ist aber irgendeine Wahrscheinlichkeit vorhanden, daß irgendeine einzelne Formation bei der ungeheuren Zeitdauer, die während der einzelnen Perioden verstrichen ist, im ganzen eine fortdauernde Geschichte darbieten sollte.

Was speziell marine Tierformen betrifft, die selbstverständlich die größte Anwartschaft auf Erhaltensein haben, so müssen sie dort gelebt haben, wo das Sediment ⟨und zwar von einer zur Erhaltung günstigen Art, also nicht Sand und Kies⟩[64]) sich schnell und über große Flächen hin absetzt und müssen ferner dick überzogen sein, – (. . .) litorale Depositen – da sie sonst durch Denudation zerstört werden würden, – sie müssen in einem seichten Wasser leben, das leicht durch Sediment ausgefüllt werden kann, da sie sonst, durch Bewegung aufgestört, der Denudation preisgegeben werden –. Daß eine Senkung auf die Dauer . . . günstig, stimmt mit europäischen Ablagerungen überein, doch ist Senkung geeignet, die Faktoren zu zerstören, welche Sedimente hervorbringen[66]).

Ich glaube bestimmt annehmen zu können, daß Gruppen mariner Fossilien uns dort für künftige Zeitalter bewahrt

---

in dem nächsten Satz betrifft, so verweise ich auf Fußnote 126, S. 85 des vorliegenden Essays.

[64]) S. *Origin,* Ed. I., S. 288, Ed. VI., S. 422. »Die Überreste, die in Sand oder Kies eingebettet gewesen waren, werden gewöhnlich, sobald diese Lager emporgehoben werden, durch die aushöhlende Wirkung des Regenwassers wieder aufgelöst.«

[66]) Der mit diesem Satz endende Passus ist schwierig zu verstehen. Trotz seiner Dunkelheiten ist indessen seine Beziehung und Ähnlichkeit mit der Diskussion über die Wichtigkeit der Einsenkung in *Origin,* Ed. I., S. 290 f., Ed. VI., S. 422 u. f. unschwer zu erkennen.

werden, wo lange und andauernde Sedimente sich bilden, mit rascher, aber nicht allzu rascher Ablagerung in einem Senkungsgebiet. Auf wie wenigen Stellen in einer Region wie Europa werden diese Bedingungen sich vorfinden? Daher aus den Dokumenten vergangener Zeitalter nur einzelne Seiten konserviert.[67]) Lyells Lehre ins Extrem verfolgt – wir werden die Schwierigkeit erst verstehen, wenn wir so fragen: welche Möglichkeit einer Abstufungsserie zwischen Rindern von (. . .) in einer Periode (. . .) so weit zurückgelegen wie Miozen?[68]) Wir wissen, daß damals Rinder existierten. Vergleiche Anzahl der lebenden – ungeheure Dauer jeder Periode – Seltenheit der Fossilien.

Dies bezieht sich nur auf die Lückenlosigkeit der Geschichte der Organismen jeder Formation.

Die vorstehende Beweisführung zeigt erstens, daß die scharfe Trennung der Formationen lediglich auf dem Mangel an erhaltenen Fossilien beruht (oder von ganzen fossilen Lagern), und zweitens, daß jede Formation voller Lücken ist; dies ist vorgebracht worden, um die Seltenheit der konservierten Organismen im Verhältnis zu all den vielen, die auf Erden gelebt haben, zu erklären. Dieselbe Beweisführung erklärt, warum in den älteren Formationen die Organismen aufzutauchen und plötzlich wieder zu verschwinden scheinen, – aber im Tertiär nicht ganz plötzlich[69]) – im späteren Tertiär allmählich, – daß sie selten werden und verschwinden – einige sind verschwunden, seit der Mensch auf der Erde lebt. Es liegt auf der Hand, daß unsere Theorie allmähliche und fast gleichförmige Einführung, möglicher-

[67]) S. S. 57, Anmerkung 3.

[68]) Vgl. *Origin*, Ed. I., S. 298, Ed. VI., S. 437, wo es heißt: »Man wird vielleicht am besten begreifen, wie wenig wir in der Lage sein können, Arten durch zahlreiche, feine, fossil gefundene Zwischenglieder zu verketten, wenn wir uns selbst fragen, ob z. B. Paläontologen späterer Zeiten imstande sein würden, zu beweisen, daß unsere verschiedenen Rinder-, Schaf-, Pferde- und Hunderassen von einem oder von mehreren Stämmen herkommen.«

[69]) Das plötzliche Auftreten von Gruppen verwandter Spezies in den tiefsten bekannten fossilienhaltigen Schichten wird in *Origin*, Ed. I., S. 306, Ed. VI., S. 466 besprochen. Das allmähliche Auftreten in den späteren Schichten in *Origin*, Ed. I., S. 312, Ed. VI., S. 453.

weise plötzlichere Ausrottung erfordert – Senkung des australischen Kontinents usw. usw.

Unsere Theorie erfordert, daß die erste Form, die von jeder der großen Abteilungen existierte, Züge aufweist, die einen Zwischencharakter zwischen bestehenden zeigen, dabei aber von letzteren ungeheuer verschieden sind. Die meisten Geologen[70]) glauben, daß die silurischen Fossilien diejenigen sind, die zu allererst in der ganzen Welt existierten und nicht nur die zufällig ältesten nicht zerstörten – oder die ersten, die in sehr tiefen Meeren im Stadium des Übergangs von Meer zu Land existierten. Wenn sie wirklich die ersten waren, dann geben wir auf; doch sind Hutton und Lyell abweichender Ansicht. Wenn das erste Reptil im Roten Sandstein[71]) wirklich das erste war, das existierte; wenn das Pachyderm[72]) von Paris das erste war, das existierte; der Fisch im Devon: Saurier im Lias: denn wir können sie nicht als erste Vorfahren auffassen: sie stimmen zu genau mit bestehenden Abteilungen überein. Aber die Geologen betrachten Europa als Übergang von See zu Insel zu Kontinent (außer Wealden, s. Lyell). Diese Tiere betrachte ich deshalb als bloßen Import aus längst untergesunkenen Kontinenten.

Und schließlich, gesetzt die Ansichten einiger Geologen seien richtig, muß meine Theorie aufgegeben werden. Falls die Geologie uns nur einzelne Seiten von Kapiteln gegen das Ende einer Geschichte darbietet, entstanden durch Herauszerren von ganzen Bündeln von Blättern, und wenn jede Seite nur eine kleine Portion von den Organismen jener Zeit illustriert, dann stimmen die Tatsachen vollkommen mit meiner Theorie überein.[73])

---

[70]) Vgl. *Origin*, Ed. I., S. 307, Ed. VI., S. 448.

[71]) Ich habe einen Schnörkel, den ich erst als »Meer« gelesen hatte, dann als »Sandstein« interpretiert, und zwar auf Zureden von Prof. Judd, der mich daran erinnerte, daß »zu jener Zeit im roten Sandstein Fußtapfen bekannt geworden waren, und daß die Geologen damals nicht sehr peinlich zwischen Amphibien und Reptilien zu unterscheiden pflegten«.

[72]) Dies bezieht sich auf Cuviers Entdeckung des Paläotheriums etc. auf Montmartre.

[73]) Dies Beispiel ist ausführlicher wiedergegeben in *Origin*, Ed. I., S. 310, Ed. VI., S. 452, wo es heißt: »Ich für meinen Teil betrachte, um Lyells bildlichen Ausdruck durchzuführen, die natürlichen geologischen Urkunden als eine Geschichte der Erde, unvollständig ge-

Ausrottung. Wir haben gesehen, daß in späteren Perioden die Organismen graduell verschwunden sind, und wahrscheinlich auch in früheren graduell, und ich habe gesagt, daß unsere Theorie dies erfordert. Da viele Naturforscher die Ausrottung als ein höchst geheimnissvolles Ereignis ansehen[74]) und alle möglichen erstaunlichen Ursachen dafür heranziehen, ist es gut, sich das zurückzurufen, was ich betreffend den Kampf in der Natur früher gesagt habe. Bei jedem Organismus ist ein ausrottender Faktor am Werk; wenn Rotkehlchen sich in zehn Jahren um Tausende vermehren würden, wie scharf wäre dieser Prozeß. Wie unmerklich dagegen eine kleine Zunahme. Fossilien werden selten: möglich eine plötzliche Ausrottung wie in Australien; da aber die vorhandenen Faktoren sehr langsam wirken und viele Mittel des Ent-

---

führt und in wechselnden Dialekten geschrieben, wovon aber nur der letzte, sich bloß auf zwei oder drei Länder beziehende Band bis auf uns gekommen ist. Doch auch von diesem Band ist nur hie und da ein kurzes Kapitel erhalten, und von jeder Seite sind nur da und dort einige Zeilen übrig. Jedes Wort der langsam wechselnden Sprache dieser Beschreibung, mehr oder weniger verschieden in den aufeinanderfolgenden Abschnitten, würde den anscheinend plötzlich umgewandelten Lebensormen entsprechen, welche in den aufeinanderfolgenden, aber weit voneinander getrennten Formationen begraben liegen.« Prof. Judd war so freundlich, mich darauf aufmerksam zu machen, daß Darwins Gleichnis sich auf einen Vergleich zwischen Geologie und Geschichte in Kap. I. von Lyells *Principles of Geology* Ed. I., 1830, Bd. I., S. 1–4 gründet. Prof. Judd hat ferner meine Aufmerksamkeit auf eine weitere Stelle der *Principles of Geology*, Ed. I., 1833, Bd. III. gelenkt, wo Lyell sich vorstellt, wie ein Historiker »zwei begrabene Städte am Fuß des Vesuvs untersucht, die eine über der anderen gelegen«. Der Historiker würde nun entdecken, daß die Bewohner der tiefer gelegenen Stadt Griechen, die der oberen Italiener gewesen seien. Doch würde er irren, wenn er deswegen annähme, daß in Kampanien ein plötzlicher Wechsel vom Griechischen zum Italienischen stattgefunden habe. Ich halte es für klar, daß Darwins Gleichnis teilweise von diesem Passus herrührt. Man bemerke z. B. in der oben zitierten Stelle aus *Origin* Wendungen wie »Geschichte ... in einem wechselnden Dialekt geschrieben ... anscheinend plötzlich umgewandelte Lebensformen.«

[74]) Über Seltenheit und Ausrottung vgl. *Origin*, Ed. I., S. 109, 319, Ed. VI., S. 133, 461.

kommens vorhanden sind, möchte ich sehr plötzliche Ausrottung bezweifeln. Wer könnte erklären, weshalb einige Spezies häufiger vorkommen – warum verändert sich die Torfmeise oder Ringdrossel jetzt wenig – warum ist eine Meerschnecke selten und die andere häufig an unseren Küsten – warum eine Art Rhinozeros häufiger als eine andere – warum ist der indischer Tiger so selten? Eigentümliche und vielverbreitete Quellen von Irrtümern; der Platz eines Organismus wird sofort wieder ausgefüllt.

Wir wissen, daß der Zustand der Erde sich verändert hat, und da Erdboden und Fluten weiter existieren, muß sich der Zustand weiter verändern – viele Geologen glauben an eine langsame, allmähliche Abkühlung. Betrachten wir nunmehr im Zusammenhang mit den in Abschnitt II erläuterten Prinzipien der Spezifikation, wie wohl am wahrscheinlichsten die Einführung der Arten stattgefunden haben mag, und wie weit die Resultate unserer Vermutungen mit den bekannten Tatsachen übereinstimmen.

Die erste Tatsache, vor die uns die Geologie stellt, ist die ungeheure Anzahl ausgestorbener Formen und neuer Erscheinungen. Die tertiären Schichten stärken die Annahme, daß Organismenformen allmählich selten werden und verschwinden und allmählich von neuen ersetzt werden. Wir sehen auch gegenwärtig gewisse Formen selten werden und verschwinden, wir kennen keine plötzliche Schöpfung: in älteren Perioden *scheinen* die Formen plötzlich aufzutreten, die Szene verändert sich: aber selbst in der devonischen und permischen Formation. Gattungen und höhere Formen treten auf und verschwinden und lassen auf demselben Weg eine Spezies ein oder mehrere Stufen tiefer als die, in der ihre Form häufig war.

§ 6. Geographische Verbreitung

Betrachten wir den absoluten Zustand der Verbreitung der Organismen auf dem Antlitz der Erde.

Zunächst fallen wir, jedoch nicht ausschließlich (wegen Schwierigkeiten des Transports, geringer Zahl und deutlicher

Charakterzüge der Gruppen) die Säugetiere ins Auge; und betrachten zunächst die drei oder vier Hauptregionen. Nordamerika, Europa, Asien, einschließlich des größeren Teils des ostindischen Archipels, und Afrika sind eng verbunden. Afrika am deutlichsten unterschieden, besonders in seinen südlichsten Teilen. Und die arktischen Regionen, die Nordamerika, Asien und Europa mit der einzigen Unterbrechung durch eine schmale Meerenge vereinen, sind sehr eng verwandt, in der Tat Formen einer begrenzten Gruppe. Dann kommt Südamerika – dann Australien, Madagaskar (und einige kleine Inseln, die ziemlich weit vom Festland abliegen). Wenn man diese Hauptabteilungen getrennt betrachtet, so bemerkt man, daß die Organismen variieren entsprechend den Änderungen in den Lebensbedingungen[75]) der verschiedenen Gegenden. Aber außerdem scheinen mir Barrieren aller möglichen Art gewisse Regionen schärfer zu trennen, als der Verschiedenheit des Klimas auf beiden Seiten entspricht. So z. B. große Bergketten, Meergebiete zwischen Inseln und Kontinenten, selbst große Flüsse oder Wüsten. Tatsächlich steht der Verschiedensheitsgrad der Organismen in einem gewissen, aber nicht unveränderlichen Verhältnis zu dem Maße der dem Übergang im Wege stehenden physischen Hindernisse.[76])

Es gibt einige sonderbare Ausnahmen, nämlich die Ähnlichkeit der Fauna der Gebirge von Europa, Nordamerika und Lappland. Andere Fälle ganz entgegengesetzter Art, Gebirge des östlichen Südamerikas, Altai, Südindien[77]) (. . .) Berg-

---

[75]) In *Origin,* Ed. I., S. 346, Ed. VI., S, 493 beginnt der Autor seine Diskussion über geographische Verbreitung, indem er die Wirkung physischer Umstände als geringfügig hinstellt. Er legt dort, ebenso wie in dieser Skizze, großes Gewicht auf die Wirkung von Barrieren.

[76]) Notiz in dem Original »würde es frappanter sein, wenn wir Tiere nähmen, z. B. Rhinozeros und ihre Wohnorte studierten?«

[77]) Notiz von A. R. Wallace: »Der Mangel an Ähnlichkeit, auf den hier angespielt wird, bezieht sich auf die Berge von Brasilien und Guyana und die der Anden. Auch die der indischen Halbinsel verglichen mit dem Himalaya. In beiden Fällen handelt es sich um ununterbrochenes dazwischengelegenes Land. Die Inseln, von denen die Rede ist, waren zweifellos die Galapagos, bezüglich ihrer Unähnlichkeit mit Südamerika; unsere britischen Inseln verglichen mit Europa und vielleicht Java wegen seiner Ähnlichkeit mit dem kontinentalen Asien.«

gipfel von Inseln oft hervorragend eigentümlich. Die Fauna im allgemeinen bei einigen Inseln, selbst wenn benachbart, sehr unähnlich, bei anderen sehr ähnlich.

Man kann viele der vorstehenden Fälle von Verbreitung rein geologisch erklären. Senkung eines Kontinents, auf dem eine freie Ausbreitung möglich gewesen, würde die Pflanzen der Ebene zum Gebirge hinauftreiben, das nun zu Inseln umgestaltet wäre und die halbalpinen Pflanzen würden den Platz der alpinen einnehmen, die alpinen aber zerstört werden, wofern die Berge nicht von Haus aus sehr hoch gewesen sind. So können wir beobachten, wie während allmählicher Veränderungen des Klimas auf einem Kontinent[78]) die Verteilung der Spezies sich umgestalten und diese sich kleinen Veränderungen anpassen mußte, womit aber auch starke Ausrottung verbunden sein würde.[79]) Die Gebirge Europas wa-

---

[78]) In *Origin,* Ed. I., S. 366, Ed. VI., S. 516 gibt der Verfasser seine Ansichten über die Verteilung der alpinen Pflanzen nicht als original, sondern beruft sich auf das Werk von Edward Forbes (*Geolog. Survey Memoirs,* 1846). Auch in seiner Autobiographie beruft sich mein Vater auf dieses. »Man ist mir«, so schreibt er, »nur in einem einzigen wichtigen Punkt zuvorgekommen, was ich so eitel bin zu bedauern.« (Vgl. *Leben und Briefe*).

[79]) Das folgende ist auf die Rückseite eines der Blätter des Mauskripts geschrieben. Diskussion über ein oder mehrere Schöpfungszentren; starke Betonung der Leichtigkeit der Verbreitung sowie der Größe der geologischen Veränderung: Erwähnung der Berggipfel, über die später zu sprechen. Verbreitung richtet sich, wie jeder weiß, nach Anpassung; Erklärung wie, wenn man von Norden nach Süden vorschreitet, man zu neuen Gruppen von Spezies in derselben allgemeinen Region gelangt, aber außerdem finden wir Unterschiede je nach Größe der Barrieren, und zwar in höherem Grade als durch Anpassung erklärt werden könnte (Bezügl. betreffender Spezies s. *Origin,* Ed. I., S. 349, Ed. VI., S. 496). Sehr auffallend bezüglich Rinder der Pampas, Pflanzen usw. Darauf in Diskussion eintreten; mich halten an 3 oder 4 große Abteilungen, und an die endlosen kleinen in jeder der 4 großen: in diesen beziehe ich mich hauptsächlich auf Säugetiere usw. Ähnlichkeit des Typs, aber nicht der Art, auf demselben Kontinent ist viel weniger beachtet worden, als Unähnlichkeit verschiedener großer Regionen: sie ist frappanter. Galapagos-Insen, Tristan d'Acunha, vulkanische, mit Kratern bedeckte Inseln sind erst vor verhältnismäßig kurzer Zeit mit Organismen bevölkert worden. Wie unähnlich die Natur dieser Inseln den benachbarten Kontinenten. Diese Tatsachen vielleicht

ren bis vor kurzem mit Eis bedeckt und die tiefen Gegenden besaßen wahrscheinlich ein arktisches Klima und ebensolche Fauna. Als dann das Klima wechselte, nahm eine arktische Fauna die Stelle der bisher eisbedeckten Teile ein, und eine Überschwemmung mit Pflanzen aus verschiedenen gemäßigten Ländern ergriff Besitz von den Ebenen, wobei Stellen mit arktischen Formen inselartig ausgespart wurden. Wenn dies aber auf einer Insel stattgefunden haben würde, wo hätten dann die neuen Formen herkommen sollen – hier ruft der Geologe den Schöpfungsgläubigen zu Hilfe.[80]) Wenn Entstehung der Insel nachweisbar, wird der Geologe annehmen, daß viele der Formen vom nächsten Festland herüber gebracht worden seien, doch falls diese Formen eigenartig, ruft er den Schöpfungsgläubigen herbei – je mehr solche Insel an Höhe zunimmt usw., desto mehr ruft er die Schöpfungslehre herbei. Deren Vertreter erzählt uns, auf der (. . .) Stelle hat der amerikanische Schöpfungsgeist *Orpheus* und *Tyrannus* und die amerikanischen Tauben geschaffen, und zwar in Übereinstimmung mit vergangenen und ausgestorbenen Formen, jedoch kein konsequentes Verhältnis zwischen Gebieten und Verbreitung oder geologisch-geographischer Verbreitung.

Was würde nun, nach Analogie der domestizierten Tiere, das Resultat sein? Nehmen wir als Beispiel einen Farmer der Pampas, wo alles dem Naturzustand näher steht. Er arbeitet mit Organismen, die eine starke Tendenz zum Variieren haben: und er weiß, daß das einzige Mittel, eine deutliche Rasse zu schaffen, in der Auslese und Absonderung besteht. Es wäre nutzlos, die besten Bullen auszusuchen und sie mit den besten

frappanter als irgendwelche andern. Geographisch-geologische Verbreitung. Beim Betrachten vergangener Perioden finden wir Australien ebenso abgesondert. Südamerika war abgesondert, doch mit mehr gemeinsamen Formen. Nordamerika, sein nächster Nachbar, gemeinsamer – in mancher Hinsicht mehr, in mancher weniger mit Europa verwandt. Europa finden wir ebenso europäisch. Denn Europa ist jetzt Teil von Asien, obwohl nicht (unleserlich). Afrika unbekannt – Beispiele, Elefant, Rhinozeros, Hippopotamus, Hyäne. Da Geologie die Geographie zerstört, dürfen wir uns nicht wundern, wenn wir sehr weit zurückgehen, Marsupialier und Edentaten in Europa zu finden; Geologie zerstört eben Geographie.

[80]) Die Argumente gegen mehrfache Schöpfungszentren werden in *Origin*, Ed. I., S. 352, Ed. VI., S. 499 ausgesprochen.

Kühen zu paaren, wenn man ihre Nachkommen frei herumlaufen und sich mit den anderen Herden paaren lassen und somit der Tendenz zum Rückschlag nicht entgegenwirken würde; der betreffende Farmer müßte deshalb versuchen, seine Kühe auf Inseln zu bringen und dann seine Auslesearbeit beginnen. Wenn mehrere Gutsbesitzer auf verschiedenen »*Rincons*«[81]) sich ans Werk begeben würden, und zwar an verschiedenen Objekten, würden bald verschiedene Rassen erzeugt werden. Ebenso könnte es der Gärtner machen, wofür auch die Geschichte vieler Pflanzen Zeugnis ablegt. Die Zahl der Varietäten[82]) wächst im Verhältnis zu der Sorgfalt, die auf ihre Auslese und bei Kreuzungen auf die Absonderung verwandt wird. Demnach wird, dieser Analogie zufolge, Variation und Selektion am meisten begünstigt werden durch einen Wechsel in den äußeren Bedingungen und Isolation, sei es nun, daß eine Form zufällig auf eine Insel gerät, oder daß ein Kontinent durch Senkung zerteilt wird, oder daß eine hohe Gebirgskette eine Scheidewand bildet oder endlich dadurch, daß die Zahl der Individuen sehr gering ist.[83]) Zweifellos könnte eine Veränderung auch in demselben Lande ohne trennende Barriere durch lang fortgesetzte Auslese an einer Spezies erreicht werden; selbst im Falle einer der Kreuzung nicht fähigen Pflanze würde diese am leichtesten von einer Insel Besitz ergreifen und diese ganz okkupieren.[84]) Nun kön-

[81]) Rincon heißt auf spanisch Winkel, Ecke, soll hier offenbar »kleines Gut« bedeuten.

[82]) Das folgende ist hier quer über die Seite geschrieben: »Niemand würde erwarten, daß ein Satz von gleichen Varietäten in den verschiedenen Ländern erzeugt würde, so auch Spezies verschieden.«

[83]) Ursprünglich sollte wohl die folgende Stelle hier angeschlossen werden: Die Eltern eines Organismus befanden sich, wie wir meist annehmen dürfen, unter weniger günstigen Umständen als der durch Selektion unterstützte Sprößling und deshalb gewöhnlich in geringerer Zahl. (Dies ist durch den Gartenbau nicht bekräftigt, sondern bloße Hypothese; weil ein unter günstigen Bedingungen lebender Organismus durch Auslese an noch günstigere Bedingungen angepaßt werden könnte.) Eine Scheidewand würde außerdem Einfluß üben, indem sie die auf einer Seite erzeugte Spezies hindern würde, auf die andere Seite überzuwandern.

[84]) Die folgenden Notizen finden sich auf der Rückseite des Blattes: Anzahl der Spezies in keinem Verhältnis zu den Möglichkeiten des Landes; ferner nicht immer die bestangepaßten, vielleicht durch

nen wir ohne weiteres sehen, daß, wenn zwei Teile eines Kontinents voneinander isoliert werden, neue Spezies, die so in ihnen erzeugt werden, enge Verwandtschaft zeigen, wie Rinder in englischen Grafschaften; wenn die betreffende Barriere später zerstört würde, könnte eine Spezies die andere vernichten oder beide sich behaupten. Und ebenso wenn eine Insel sich nahe am Kontinent bildete, und wäre sie noch so verschieden, würde jener Kontinent die Einwohner liefern und die neuen Spezies (wie die alten) dem Kontinent verwandt sein. Eine Insel gewöhnlich sehr verschieden in Boden und Klima, Zahl und Art ihrer Einwohner durch Zufall bestimmt, kein Ort so günstig für Erzeugung einer neuen Spezies[85]), besonders die Berge, das ist ohne Zweifel so. So wie isolierte Berge entstehen in einem ebenen Lande (falls dies vorkommt), so ists auch mit der Insel. Indem sich dann andere Inseln bildeten, mag sich die alte Spezies ausgebreitet und weiter ausgedehnt haben, und die Fauna von entfernten Inseln könnte schließlich zusammentreffen und ein Kontinent sich zwischen ihnen bilden. Keiner zweifelt an der Entstehung von Kontinenten durch wiederholte Erhebungen und Senkungen.[86]) Wenn wir zurückschauen, aber nicht so weit, daß alle geographischen Grenzen verschwinden, sehen wir daher sofort, warum die bestehenden Formen mit den ausgestorbenen in derselben Art und Weise verwandt sind, wie die bestehenden Formen untereinander in irgendeinem Teil der bestehenden Kontinente. Es kann sogar sein, daß sich unter den Fossilien, die wir besitzen, in einem oder dem anderen

---

Schöpfungsgläubige durch Wechsel und Fortschritt erklärt. (S. S. 65, Anmerkung 87.)

Obwohl Schöpfungsgläubige mit Hilfe der Geologie vieles erklären können, wie können sie die ausgesprochene Beziehung von Vergangenheit und Gegenwart in demselben Gebiet, die wechselnde Beziehung zwischen Vergangenheit und Gegenwart in anderen Gebieten erklären, wie die Beziehungen verschiedener Teile desselben großen Gebiets. Falls Insel, zu benachbartem Kontinent, falls ganz verschieden, auf Berggipfeln – die Anzahl der Individuen den Möglichkeiten nicht entsprechend, wie aber – usw. Unsere Theorie kann, glaube ich, hier viel Licht verbreiten und alle Tatsachen in Harmonie bringen.

[85]) S. *Origin* Ed. I., S. 390, Ed. VI., S. 543.

[86]) Bezüglich Oszillationen s. *Origin*, Ed. I., S. 291, Ed. VI., S. 426.

Falle ein direkter Vorfahre einer noch lebenden Form befindet.

Die Auffindung von Übergangsformen würde in einem in Hebung begriffenen Landesgebiete schwieriger sein.

Die geographische Verbreitung kann daher in allen den genannten Punkten, selbst den nebensächlichen, die bei jeder anderen ⟨Theorie⟩ als ein Haufen von ebensovielen unvermittelten Tatsachen angesehen werden muß, durchweg in einer einfachen Weise nach der Theorie, die das Vorkommen der Arten durch (. . .) erklärt und annimmt, sie seien durch Selektion an (. . .) angepaßt, abgeleitet werden, wenn man noch hinzurechnet ihre Fähigkeit, sich auszubreiten, sowie die beständigen geographisch-geologischen Veränderungen, die noch jetzt stattfinden und die zweifelsohne früher stattgefunden haben. Hier müßte ich zurückkommen auf die Anschauung von der Unveränderbarkeit der Spezies und der Schöpfung durch so und so viele einzelne Willensakte des Schöpfers.[87])

---

[87]) Von der Rückseite des Manuskripts: »Wirkung des Klimas auf stationäre Insel und auf Kontinent, aber Kontinent einstmals Insel. Ferner wiederholte Oszillationen, neue Verteilung, falls nichtvereinigt, dann Isolation, beim Wiederaufsteigen Einwanderung verhindert, neue Wohnorte entstanden, neue Spezies, falls vereinigt freie Einwanderung, daher gleichförmige Charaktere. Deshalb mehr Formen (auf) der Insel. Berggipfel. Weshalb keine echten Spezies. Zunächst wollen wir in Teil I auf die Bedingungen zur Variation zurückkommen: Wechsel der Bedingungen durch mehrere Generationen und wenn häufig verändert, um so besser. Zweitens fortgesetzte Auslese. Drittens Isolation bei allen oder beinahe allen – gut, Vorteile derselben zu betonen.

Beim Kontinent, wenn wir Landtiere in Betracht ziehen, könnte lang fortgesetzte Änderung stattfinden, die nur Änderung in numerischer Hinsicht verursachen würde. Falls lange genug fortgesetzt, könnte es schließlich alle beeinflussen, obwohl bei meisten Kontinenten Möglichkeit der Einwanderung. Einige wenige der gesamten Maße der Spezies müssen lange beeinflußt werden, und die ganze Zuchtwahl nach derselben Seite arbeiten. Doch fehlt hier Isolierung, ohne Barriere, abgeschnitten von (unleserlich). Wir können Vorteile der Isolierung erkennen. Nehmen wir aber den Fall einer Insel, die durch vulkanische Tätigkeit in einiger Entfernung aufgeworfen wird, hier würden wir dann gelegentlich Besucher haben, nur in geringer Zahl und neuen Bedingungen ausgesetzt und (unleserlich)

§ 7. Verwandtschaft und Klassifikation

Wenn wir nunmehr die Verwandtschaft der Organismen ohne Beziehung zu ihrer Verbreitung betrachten, und alles Fossile und Rezente in unsere Betrachtung hineinziehen, sehen wir, daß die Grade der Verwandtschaft verschieden und willkürlich sind – Untergattungen, – Gattungen, – Unterfa-

---

wichtiger – eine ganz neue Gruppierung organischer Wesen, die neue Nahrungsquellen eröffnen würden oder (?) alte kontrollieren. Die Anzahl würde gering sein, so können alte die allerbeste Gelegenheit haben. ⟨Die Überwältigung der angestammten durch eingeführte Organismen zeigt, daß die angestammten nicht vollkommen angepaßt waren, s. *Origin*, Ed. I., S. 390.⟩ Und weiter – wie die Insel sich fernerhin änderte – fortgesetzte langsame Änderungen, Flüsse, Moore, Seen, Berge usw., werden neue Rassen allmählich erzeugt und ein neuer gelegentlicher Besucher.

Wenn Insel zu Kontinent würde, würden einige Arten auftauchen und einwandern. Jeder gibt Kontinente zu. Wir können sehen, warum sich Galapagos und Kap Verde unterscheiden ⟨S. *Origin*, Ed. I., S. 398⟩ Senkung und Hebung. Wir können aus dieser sich wiederholenden Tätigkeit und der Zeit, die zur Bildung eines Kontinents notwendig ist, ersehen, warum auf solchen viel mehr Formen leben als in Neuseeland ⟨S. *Origin*, Ed. I., S. 389 bezüglich Vergleich zwischen Neuseeland und dem Kap⟩. Doch keine Säugetiere oder andere Klassen ⟨s. indessen *Origin*, Ed. I., S. 393 bezüglich des Falles mit dem Frosch⟩. Wir können sofort sehen, was sich ergibt, dort wo ein alter Kanal der Einwanderung existiert hat – Kordilleren; wir können sehen, warum die indisch-asiatische Flora, die eine weite Ausdehnung hat, eine bessere Chance hat, daß einzelne ihrer Bestandteile auf neue Punkte gelangen und ausgelesen und neuen Zwecken angepaßt werden. Ich brauche kaum bemerken, daß Veränderung nicht immer Notwendigkeit.

Schließlich, wenn nun der Kontinent (größtes Aussterben während Bildung des Kontinents) sich gestaltet nach wiederholter Hebung und Senkung und Austausch von Spezies, könnten wir viel Aussterben vorhersehen, sowie auch, daß die Überlebenden demselben Typus angehören wie die Ausgestorbenen in derselben Art wie verschiedene Teile desselben Kontinents, die einstmals durch Raum getrennt waren, wie sie durch Zeit getrennt sind. ⟨S. *Origin*, Ed. I., S. 339 u. 349.⟩

Da alle Säugetiere aus ein und demselben Stamm hervorgegangen, sollte man erwarten, daß alle Kontinente zu irgendeiner Zeit vereinigt waren, daher Auslöschung heutiger Züge. Ich meine nicht, milien, Familien, Ordnungen und Klassen und Reiche. Die Art der Klassifikation, die, wie jeder fühlt, die korrekteste ist, wird als »natürliches System« bezeichnet, aber niemand kann dies eigentlich definieren. Wenn wir mit Whewell sagen, daß wir einen undefinierbaren Instinkt für die Wichtigkeit

---

daß die fossilen Säugetiere, die man in Südamerika findet, die Vorfahren in gerader Linie der gegenwärtigen Formen von Südamerika seien; denn es ist höchst unwahrscheinlich, daß man mehr als ein oder zwei Fälle (wer kann sagen wieviele Rassen nach den Knochen vom Plata) finden sollte. Ich glaube dies bei Berücksichtigung der Zahl der Formen, die gelebt haben, – Seltenheit ein bloßer Zufall. Und außerdem in jedem Fall gerade aus der Existenz von Gattungen und Spezies, werde nur wenige zur gleichen Zeit Nachkommen in der Gestalt neuer Spezies bis in ferne Zeiten hinterlassen; und je ferner die Zeit, desto geringer an Zahl die Nachkommen. Hier könnte Beobachtung eingefügt werden: schlechte Chance der Erhaltung auf sich emporhebender Insel, der Kinderstube neuer Spezies, man befrage die Erfahrung ⟨s. *Origin*, Ed. I., S. 292⟩. Diese Beobachtung kann ausgedehnt werden und zwar, daß in allen Fällen sinkendes Land, in frühen Stadien, der Bildung neuer Spezies weniger günstig sein muß, doch wird es sie isolieren und dann, wenn das Land anfängt, sich wieder zu erheben – wie günstig! Ebenso wie Besetztheit eines Gebiets der Zerteilung der Spezies Schranken entgegenstellt, ebenso tut sie dies einer durch Selektion entstandenen Varietät. Doch würde dies nicht der Fall sein, falls diese Varietät einer nicht völlig okkupierten Station besser angepaßt wäre; folglich ist es während der Erhebung oder Bildung neuer Stationen, daß der Schauplatz für neue Spezies gegeben ist. Aber während Erhebung keine günstigen Umstände für die Aufspeicherung von Fossilien (außer in Höhlen); während Senkung in frühen Stadien der Erhaltung der Fossilien sehr günstig; wo Senkung, dort weniger Sediment. So daß unsere Schichten als allgemeine Regel das Grab der alten Spezies (also keiner Änderung unterworfen) sein werden, wogegen steigendes Land die Kinderstube. Wenn aber Spuren vorhanden, werden diese gewöhnlich künftigen Zeitaltern aufbewahrt werden, die neuen werden nicht eher eingehüllt, als bis neue Senkung eintritt. Während dieser ausgedehnten Lücke werden wir keine Urkunden erhalten: so daß es ein Wunder wäre, wenn wir Übergangsformen besäßen. Ich meine nicht jedes Stadium, denn dies können wir, wie vorher gezeigt, nicht erwarten, bis die Geologen so weit sein werden zu behaupten, daß unter unnatürlich günstigen Umständen wir in künftigen Zeitaltern »Short-horn« und »Herefordshire« werden erkennen können (s. oben S. 59 Anm. 68).

von Organen[88]) besitzen, haben wir doch kein Mittel, besonders bei niederen Tieren bestimmt anzugeben, welches die wichtigsten sind, und doch fühlt jeder, daß es ein bestimmtes System geben muß, das das natürliche genannt zu werden verdient. Die wahre Verwandtschaft von Organismen wird einem deutlich, wenn man Analogieverwandtschaften betrachtet, so z. B. ein otterartiges Tier unter den Säugetieren und einen Otter unter den Marsupialiern. In solchen Fällen ist die Ähnlichkeit des Äußeren, die der Lebensgewohnheiten und die des letzten Zwecks der ganzen Organisation, sehr stark, und doch keine Verwandtschaft vorhanden.[89]) Systematiker können die Ausdrücke »Verwandtschaft« und »Verwandtschaftsbeziehung« nicht ganz vermeiden, obwohl sie dieselben nur bildlich brauchen. Wenn mit vollem Ernst behandelt, sollte das natürliche System ein genealogisches sein. Diejenigen Punkte, die wir bei der Vererbung am meisten variieren sehen, schätzen wir in ihrer systematischen Bedeutung am niedrigsten ein, und tatsächlich besitzen diejenigen Teile, die stark variieren, für uns keinen klassifikatorischen Wert.[90]) Beim Klassifizieren von Varietäten werden dieselben Ausdrücke gebraucht und dieselbe Art von Einteilung: auch hierbei (Ananas)[91]) sprechen wir von natürlicher Klassifikation, übersehen die Gleichheit der Frucht, weil die Gesamtheit der Pflanze verschieden ist. Dem Ursprung von Untergattungen, Gattungen usw. usw. ist, wenn man sich auf den Boden der genealogischen Sukzession stellt, nicht schwerer nachzugehen, und es stimmt hier alles mit ähnlichen

[88]) Nach »Organen« hat der Verfasser, offenbar als nachträglichen Gedanken, eingeschaltet: »nein, Beispiel Metamorphose, später zu erklären«.

[89]) Bezüglich Analogie-Ähnlichkeiten vergleiche man *Origin,* Ed. I., S. 427, Ed. VI., S. 582.

[90]) »In der Praxis kümmern sich die Naturforscher aber nicht viel um den physiologischen Wert der Charaktere ... Wenn sie einen nahezu einförmigen und einer großen Anzahl von Formen gemeinsamen Charakter finden, der bei anderen nicht vorkommt, so benutzen sie ihn als sehr wertvoll.« *Origin,* Ed. I., S. 417, Ed. VI., S. 573.

[91]) »Wir werden gewarnt ... nicht zwei Varietäten der Ananas bloß deswegen zusammen zu klassifizieren, weil ihre Frucht, freilich ihr wichtigster Teil, zufällig fast die gleiche ist.« *Origin,* Ed. I., S. 423, Ed. VI., S. 579.

Verwandtschaftsgraden, die wir bei domestizierten Organismen kennen, überein. In derselben Region sind die organischen Wesen miteinander verwandt und die äußeren Bedingungen in vielen physikalischen Beziehungen gleichfalls ähnliche[92]), und ebenso ihre Unterschiede von derselben Art; deshalb, wenn eine neue Spezies ausgewählt worden ist und ihren Platz in der Ökonomie der Natur eingenommen hat, dürfen wir annehmen, daß diese meist streben wird, ihr Gebiet während geographischer Veränderungen zu erweitern. Auf diese Weise kann es auch vorkommen, daß sie isoliert und neuen Bedingungen ausgesetzt wird. Dies wird zur Folge haben, daß sie leicht verändert und daß ihre Struktur durch Selektion ein wenig umgewandelt wird. – So werden sich aus einer Gattung oder Untergattung Arten bilden, wie sich bei unseren Haustieren Rassen gebildet haben – z. B. Rassen des Merinoschafs und Rassen britischer und indischer Rinder. Indessen könnten weitere Spezies entstehen und andere wieder ausgelöscht werden, und darauf alle miteinander erlöschen und damit würden wir eine ausgestorbene Gattung haben, ein schon früher erwähnter Fall, deren es in der Paläontologie zahlreiche gibt. Häufiger aber ist es, daß dieselben Vorteile, die die Ausbreitung der neuen Spezies und ihre Modifizierung, bzw. Verzweigung in verschiedene neue Spezies befördern, auch die Erhaltung einiger dieser Spezies begünstigen: und wenn zwei von jener Spezies, und zwar zwei von beträchtlich verschiedenem Charakter, nun den Ausgangspunkt von je einer Gruppe von neuen Spezies bilden würden, so würde dies zwei neue Gattungen ergeben; dieselbe Sache würde sich immer wiederholen. Wir können diesen Fall auch von einer anderen Seite her betrachten, und zwar in Hinblick auf die Zukunft. Wenn es bloß auf den Zufall ankäme, könnte jede lebende Art eine neue erzeugen, doch wenn irgendeine gegebene Art, nennen wir sie *A*, indem sie sich verändert, einen Vorteil erringt und dieser Vorteil, worin er auch bestehe, Intelligenz usw. usw. oder irgendeine anatomische oder konstitutionelle Eigenschaft sich vererbt[93]), so wird *A* der

---

[92]) Dieser ganze Passus ist dunkel, doch ist der Text, bis auf ein unleserliches Wort, völlig deutlich zu lesen. Anm. d. Herausgebers.

[93]) Die genaue Stelle folgenden Satzes ist ungewiß: »ebenso wie es nicht wahrscheinlich ist, daß sich jede der jetzigen Phantasie-

Vorfahre mehrerer Gattungen oder selbst Familien werden in dem harten Kampf der Natur. *A* wird immer weiter die anderen Formen aus dem Feld schlagen, ja es kann so kommen, daß *A* die Erde bevölkert – möglich, daß wir auf der Welt heute nicht mehr einen einzigen Nachkommen der Originalschöpfung, ob es sich nun dabei um einen oder mehrere Organismen handelt, haben.[94]) Da die äußeren Faktoren, Luft, Erde, Wasser, auf der Erde dieselben sind[95]) und die Verbindung zwischen den Teilen der Erde nicht vollkommen, so können Organismen von weit verschiedener Abstammung an dieselben Lebensbedingungen angepaßt werden und dies würde Fälle von Konvergenz liefern.[96]) Dadurch, daß dies häufig vorkäme, würde jede der großen Abteilungen Repräsentanten besitzen, die in hervorragendem Maße an Erde, Luft, Wasser angepaßt wären, und auf diese Weise würden die großen Abteilungen in ihrer Klassifikation numerische Beziehungen aufweisen.

§ 8. Gleichheit des Typs innerhalb der großen Klassen

Nichts ist wunderbarer in der Naturgeschichte als die Erscheinung, daß trotz der ungeheuren Zahl der Organismen, sowohl rezenter als fossiler, die den verschiedenartigsten Lebensbedingungen ausgesetzt, in weit voneinander getrennten Klimaten und Zeitperioden und gänzlich verschiedenen Zwecken angepaßt leben, sich doch große Gruppen finden, die durch den gleichen Typ ihres Körperbaus zueinander in Beziehung stehen. Wenn wir z. B. Fledermaus, Pferd, Del-

---

zuchten von Vögeln oder Rindern erhalten, sondern nur einige der besten«.

[94]) Dies deutet an, daß der Verfasser schon damals nicht weit entfernt von dem Prinzip der Divergenz war, auf die er später soviel Gewicht legte. S. *Origin*, Ed. I., S. 111, Ed. VI., S. 134, vgl. »Leben und Briefe«, S. 84.

[95]) Damit soll gesagt sein, daß dieselben Faktoren in verschiedenen Teilen der Erde wiederkehren.

[96]) Die Stellung des folgenden Satzes »Windhund und Rennpferd zeigen eine Analogie« ist unbestimmt. Dasselbe Beispiel findet sich in *Origin*, Ed. I., S. 427, Ed. VI., S. 583.

phinflosse, Hände betrachten, die alle dieselbe Struktur[97]), Knochen[98]), die dieselben Benennungen verdienen, besitzen, so sehen wir, daß ein tiefes gemeinschaftliches Band zwischen ihnen besteht[99]); dies zu illustrieren ist die Grundlage und das Ziel dessen, was wir als »Natürliches System« bezeichnen, und welches den Grund legen soll zu einer Erkenntnis der echten und der adaptativen Eigenschaften.[100]) Nun findet diese wunderbare Tatsache der Übereinstimmung zwischen Hand, Huf, Flügel, Flosse sofort ihre Erklärung nach dem Prinzip derselben Elternformen, die entweder [. . . . .] oder gehende Tiere gewesen sein können und durch eine unendliche Anzahl kleiner Selektionsvorgänge an verschiedenartige Lebensbedingungen angepaßt worden sind. Wir wissen, daß Proportion, Größe, Form der Knochen und der sie umkleidenden Weichteile variieren, und daher könnte eine fortlaufende Selektion das Gerüst eines Organismus für nahezu jeden Zweck ummodeln und trotzdem eine allgemeine, ja selbst sehr enge Ähnlichkeit darin bestehen lassen.

Ferner, falls die Veränderungen einen gewissen Punkt erreichen, wird sicherlich der Typ verloren gehen, und das ist der Fall mit Plesiosaurus.[101]) Die Einheit des Typs vergangener und rezenter Perioden bei gewissen großen Gruppen erhält zweifellos hierdurch die einfachste Erklärung.

Es existiert noch eine andere Klasse verwandter und fast identischer Tatsachen, die von den nüchternsten Physiologen zugegeben wird und die sich auf die Identität des Typs verschiedener Organe in demselben Individuum bezieht; man bezeichnet diese Wissenschaft als »Morphologie«. So konnte

---

[97]) Zwischen den Zeilen stehen noch die Worte »auf Vogel und andere Klassen ausdehnen«.

[98]) Zwischen den Zeilen steht »viele Knochen nur repräsentiert«.

[99]) In *Origin,* Ed. I., S. 434, Ed. VI., S. 595 wird mit dem Ausdruck *»Morphologie«* auch *Einheit des Typs* mit inbegriffen. Die Delphinflosse und der Flügel der Fledermaus werden dort als Beispiele morphologischer Ähnlichkeit angeführt.

[100]) Dieser Satz war sehr schwer leserlich.

[101]) In *Origin,* Ed. I., S. 436, Ed. VI., S. 598 spricht der Autor davon, daß das »gemeinsame Muster an den Flossen gewisser« ausgestorbener gigantischer Meereidechsen verwischt sei.

es durch Zusammenstellung schöner und regelrechter Serien und bei den Pflanzen durch die Beobachtung von monströsen Veränderungen festgestellt werden, daß bestimmte Organe an einem Individuum Metamorphosen anderer Organe sind. So betrachtet jeder Botaniker die Blumenblätter, Nektarien, Staubgefäße, Pistill und Keim als metamorphosierte Blätter. Es erklärt sich so in der einleuchtendsten Art die Stellung und Anzahl aller Teile der Blume und der unter Kultivierung auftretende eigentümliche Übergang eines Teiles in einen anderen. Die kompliziertesten doppelten Reihen der Kiefer und Palpen der Crustaceen[102]) und aller Insekten werden als metamorphosierte Extremitäten betrachtet, und ein Blick auf die Serien lehrt die Berechtigung dieser Terminologie. Die Schädel der Vertebraten sind ohne Zweifel aus der Metamorphose dreier Wirbel entstanden, und dies lehrt uns die eigenartige Form der einzelnen Knochen verstehen, aus denen der das menschliche Hirn umschließende Helm zusammengesetzt ist. Diese Tatsachen[103]) sind nur unwesentlich verschieden von den in dem vorigen Absatz genannten, wo bei Flügel, Flosse, Hand und Huf doch eine Gemeinsamkeit des Baues noch sichtbar war oder durch eine Zusammenstellung gelegentlich vorkommender monströser Veränderungen in Erscheinung trat, und wenn Spuren entdeckt werden könnten, daß das Ganze früher einmal als Geh- oder Schwimmwerkzeug gedient hat, so würden wir sagen können, daß diese Organe metamorphosiert sind – zunächst pflegen wir bloß zu sagen, daß sie einen gemeinsamen Typus repräsentieren.

Letztere Unterscheidung ist so von den Physiologen nicht gemacht worden und ist nur aus ihrer allgemeinen Art der Darstellung herauszulesen. Diese Tatsachen, die ja doch jedes organische Wesen, das je auf Erden existierte oder noch existiert, berühren, können vom Schöpfungsgläubigen nur als letzte und unerklärliche Fakta betrachtet werden. Diese Einheit bei den Individuen einer Gruppe und diese Metamorphose des gleichen Organs in andere, verschiedenen Zwecken

---

[102]) S. *Origin*, Ed. I., S. 437, Ed. VI., S. 599.

[103]) Folgende Stelle war wohl als dem mit »Diese Tatsachen« beginnenden Satze voranstehend gedacht gewesen: »Es ist offenbar, daß, wenn bei jeder individuellen Spezies Organe metamorphosiert werden, ein einheitlicher Typ an Formenreichtum gewinnen muß«.

angepaßte Organe, ist hingegen nur eine notwendige Folge der Deszendenztheorie.[104]) Nehmen wir den Fall der Wirbeltiere: wenn wir annehmen, daß diese von einem gemeinsamen Vorfahren abstammen, dann müßten sie sich nach unserer Theorie langsam, sowie wir es bei domestizierten Tieren sehen, verändert haben. Wir wissen, daß sich Proportionen verändern und selbst, daß gelegentlich die Zahl der Wirbel sich verändert, daß Teile verlötet werden oder verloren gehen wie Schwanz und Zehen, aber wir können auch beobachten, daß möglicherweise ein Geh-Organ sich in ein Schwimm-Organ oder aber in ein Gleit-Organ und so immer weiter bis in ein Flug-Organ verwandeln kann. Aber solche allmählichen Veränderungen wie Verlorengehen oder Verlötung von Körperteilen oder Wirbeln werden zunächst die Einheit des Typs bei den Nachkommen noch nicht antasten. Indessen sehen wir, daß, wenn dies auf die Spitze getrieben wird, die Einheit des Typs verloren geht – Plesiosaurus. Wir haben dabei gesehen, daß dasselbe Organ zu verschiedenen Leistungen umgeformt werden kann. Und wenn wir bei verschiedenen Ordnungen von Wirbeltieren den Ursprung von Dornfortsätzen und Monstrositäten zurückverfolgen könnten, sollten wir dies nicht Einheit des Typus, sondern Morphologie[106]) nennen, wie wir es tun, wenn wir den Schädel auf umgewandelte Wirbel zurückführen.

Man muß beachten, daß Naturforscher, ebenso wie sie Ausdrücke wie »Verwandtschaft« brauchen, ohne dies im wörtlichen Sinne zu meinen, auch hier den Ausdruck »Metamorphose« zu brauchen pflegen, ohne damit den Gedanken zu verbinden, daß irgendein Vorfahre der Crustaceen wirklich ein Tier mit ebensovielen Beinen gewesen sei, wie die Crusaceen Kiefer besitzen. Die Deszendenztheorie erklärt uns diese wundersamen Tatsachen auf einen Schlag.

Wenige von den Physiologen, welche diese Ausdrücke brauchen, glauben wirklich, daß der Vorfahre eines Insektes mit metamorphosiertem Kiefer wirklich ein Insekt mit entspre-

---

[104]) Dies ist, wie ich glaube, die erste Stelle, an der der Verfasser die Worte »theory of descent« (Deszendenztheorie) gebraucht.

[106]) Gemeint ist: »wir sollten dies eine morphologische Tatsache nennen«.

chend vielen Füßen gewesen sei, oder daß die Vorfahren blühender Pflanzen ursprünglich keine Staubgefäße oder Pistille oder Kronenblätter, sondern andere Fortpflanzungsmittel besessen hätten – und was der ähnlichen Fälle mehr sind. Nun erlaubt uns unsere eine unendliche Anzahl von Veränderungen voraussetzende Theorie, anzunehmen, daß ein einem bestimmten Zwecke dienendes Organ von dem Nachkommen zu einem andern Zweck gebraucht werden kann, so wie es unserer Theorie nach bei Fledermaus, Delphin, Pferd, die von einem gemeinsamen Vorfahren abstammen, der Fall gewesen sein muß.

Gesetzt, es käme außerdem noch vor, daß Spuren des früheren Zwecks und der früheren Struktur erhalten wären, was offenbar möglich, wenn auch nicht wahrscheinlich ist, dann würden wir diejenigen Organe vor uns sehen, die den morphologischen Begriffen zugrunde liegen, und was zuvor bildlich gemeint wurde, wird absolut klar und was völlig unverständlich gewesen, wird einfache Tatsache.[107])

⟨*Embryologie.*⟩ Diese allgemeine Einheit des Typs bei großen Gruppen von Organismen, einschließlich jener morphologischen Fälle selbstverständlich, manifestiert sich in höchst frappanter Weise in den Stadien, die der Fötus durchmacht.[108]) In ganz frühen Stadien können der Flügel einer Fledermaus, ein Huf, eine Hand oder eine Delphinflosse nicht unterschieden werden. Auf einer noch niedrigeren Stufe ist überhaupt kein Unterschied zwischen Fisch, Vogel usw. und Säugetier. Nicht daß sie nicht unterschieden werden könnten, aber die Arterien[109]) (...). Es ist nicht wahr, daß eins von ihnen direkt durch die Form einer tieferen Gruppe hindurchgeht,

---

[107]) In *Origin*, Ed. I., S. 438, Ed. VI., S. 602 sagt Ch. Darwin in bezug auf die Ausdrücke, die von Naturforschern auf morphologische Erscheinungen, Metamorphose usw. angewendet werden »meiner Meinung nach dürfen diese Ausdrücke buchstäblich angewendet werden«.

[108]) S. *Origin*, Ed. I., S. 439, Ed. VI., S. 605.

[109]) In *Origin*, Ed. I., S. 440, Ed. VI., S. 606 sagt der Autor: »Wir können nicht annehmen, daß bei den Embryonen der Wirbeltiere der eigentümliche schleifenartige Verlauf der Arterien nahe den Kiemenspalten mit der Ähnlichkeit der Lebensbedingungen in Zusammenhang steht.«

doch besteht kein Zweifel, daß es Fötalstadien gibt, die die nächste Verwandtschaft mit den Fischen zeigen.[110])

Diese Ähnlichkeit auf der frühesten Stufe zeigt sich deutlich an dem Laufe der Arterien, die sich außerordentlich verändern, wenn der Fötus ins Leben hinaustritt und die dann sowohl in ihrem Lauf, wie in ihrer Zahl den Charakter annehmen, der ausgewachsenen Fischen und Säugetieren eigen ist. Wie wunderbar es ist, daß im Keim, ob er sich nun in Wasser oder Luft oder Mutterschoß entwickelt, die Arterien denselben Lauf nehmen.[111])

Auf alles dies kann unsere Theorie Licht werfen. Die Struktur jedes Organismus ist hauptsächlich der Erhaltung seines Lebens, und zwar im ausgewachsenen Zustande, wenn es sich zu ernähren und fortzupflanzen hat, angepaßt.[112]) Der Bau eines Kätzchens ist nur in ganz sekundärem Grade seinen Gewohnheiten zur Zeit, wo es durch die Milch und die Beute seiner Mutter ernährt wird, angepaßt. Daher wird eine Variation im Körperbau der ausgewachsenen Spezies es sein, die hauptsächlich die Erhaltung einer Art bestimmt, die ihrer Umgebung nicht mehr entspricht, oder vielmehr der sich ein besserer Platz im Haushalt der Natur eröffnet. Für die ausgewachsene Katze würde es gleichgültig sein, ob sie in ihrem Säuglingszustand etwas mehr oder weniger ausgesprochen Katzenhaftes hätte, wenn dies sich nur einstellt, sobald sie ausgewachsen ist. Zweifellos ist die Variation (soweit sie nicht von Lebensgewohnheiten des Individuums bedingt ist)

---

[110]) Folgendes findet sich quer über die Seite geschrieben »sie gehen durch dieselben Phasen hindurch, doch machen einige, gewöhnlich als die höheren Gruppen bezeichnet, noch weitere Metamorphosen durch«.

Degradation und Komplikation? Keine Tendenz zur Vervollkommnung.

Gutes Argument gegen Lamarck?

[111]) Eine fast identische Stelle findet sich in *Origin*, Ed. I., S. 440, Ed. VI., S. 606.

[112]) Die Worte »Tod von Brüdern – wenn alt – durch dieselbe eigentümliche Krankheit«, die hier zwischen den Zeilen stehen, scheinen mehr ein Memorandum gewesen zu sein, das einige Zeilen tiefer unten weiter ausgeführt wird. Das Beispiel mit den Brüdern stammte wohl von Dr. R. W. Darwin.

von frühen Veränderungen abhängig[113]), und wir müssen annehmen, daß, zu welcher Zeit des Daseins die Änderung des Fötus auch immer bewirkt wird, sie zu entsprechender Zeit in Erscheinung zu treten tendiert. Wenn wir sehen, wie eine Tendenz zu einer besonderen Krankheit durch den männlichen Teil übertragen wird, so wissen wir, daß während der Empfängnis eine Wirkung auf die einfache Eizelle hervorgerufen wurde, die erst ein halbes Jahrhundert später in Erscheinung tritt; diese Wirkung aber ist unsichtbar.[114]) So sehen wir beim Windhund, Bulldog, Rennpferd und Lastpferd, die alle wegen ihrer Gestalt im ausgewachsenen Zustand gezüchtet worden sind, daß viel weniger Unterschied[115]) in den ersten paar Tagen nach der Geburt besteht, als in erwachsenem Zustand, ebenso bei Rindern; dies sehen wir deutlich in Fällen von Rindern, die auffällig in Form und Größe der Hörner voneinander abweichen. Wenn der Mensch 10 000 Jahre lang imstande wäre, Tiere zu züchten, die noch verschiedener von Pferd oder von Rind wären, glaube ich, daß viel geringere Unterschiede in den sehr jungen fötalen Stadien existieren würden; und dies glaube ich, beleuchtet obige wunderbare Tatsache. Bei Larven, die ein langes Leben haben, kann Selektion vielleicht viel bewirken, bei Puppen nicht so viel.[116]) Es sind keine großen Vorteile durch eine Variation der Form usw. des Fötus zu erreichen (es sei dies denn eine gewisse Anpassung an den Uterus der Mutter) und deshalb wird die Selektion nicht in einem anderen Sinne auf ihn

---

[113]) S. die entsprechende Diskussion in *Origin*, Ed. I., S. 443–4, Ed. VI., S. 610. Dort macht mein Vater einen Unterschied zwischen einer Einwirkung auf die Keimzelle und einer auf einer späteren Lebensstufe erfolgenden Reaktion.

[114]) Wahrscheinlich wollte der Verfasser schreiben »und diese Wirkung ist bis dahin unsichtbar«.

[115]) S. *Origin*, Ed. I., S. 444–5, Ed. VI., S. 611. Das Fragezeichen nach »viel weniger« erscheint ganz gerechtfertigt, da es genauer Messungen bedurft hätte, um festzustellen, daß die Windhund- und Bulldogg-Jungen noch nicht »ihr volles Maß an proportionellem Unterschied« erreicht hatten.

[116]) Die folgenden Auslassungen von der Rückseite des Blattes haben bis zu gewissem Grade denselben Inhalt, wie der eigentliche Text, nämlich: »Wie ich glaube, kann auf diese Tatsachen Licht geworfen werden. Aus dem Vererbtwerden folgender Eigentümlich-

einwirken als höchstens, indem sie seinen veränderlichen Geweben eine Tendenz verleiht, späterhin bestimmte Teile bestimmte Formen annehmen zu lassen.

Folglich ist keine Fähigkeit vorhanden, den Lauf der Arterien zu ändern, solange diese den Fötus ernähren; die Selek-

---

keiten [wir wissen, daß irgendeine Veränderung in der Keimzelle stattfindet, die sich erst Jahre darauf verrät] Krankheiten, beim Menschen: Gicht, Kropf, Kahlheit, Dickleibigkeit [Langlebigkeit, Zeit der Fortpflanzung, Gestalt der Hörner, Fall von Rindern, die an derselben Krankheit sterben]. Und wir wissen, daß die Keimzelle affiziert worden ist, obwohl keine Wirkung zu bemerken ist und auch bis nach Jahren bemerkt werden kann – durch ihr Auftreten an dem ausgewachsenen Individuum.« Damit ist wohl gemeint: Das junge Individuum ist s c h e i n b a r ebenso frei von den ererbten Veränderungen, die später auftreten werden, wie die Jungen t a t s ä c h l i c h frei sind von den Änderungen, die durch Einwirken bestimmter Lebensbedingungen im erwachsenen Zustand eintreten. »So daß, wenn wir beim Rind eine Varietät bemerken und wenn wir auch wissen, daß diese Varietät dem Reproduktionsakt ihre Entstehung verdankt, so wissen wir deshalb doch nicht bestimmt, in welchem Lebensalter diese Veränderung bemerkbar geworden ist. Sie kann auf frühen Stadien des freien Lebens oder des Fötallebens entstanden sein, wie wir an Monstrositäten sehen. Aus den vorhin angeführten Argumenten und aus Kreuzungen können wir weiter annehmen: im Keim; doch wiederhole ich, daß das nicht besagen will, daß man die Veränderungen eher als auf vollständiger Lebenshöhe wahrnimmt; ebensowenig wie man ererbte Dickleibigkeit im frühen Kindesalter oder gar im Fötalleben wahrnimmt. Bei den Hörnern der Rinder, deren Gestalt, falls ererbt, auch von der Keimzelle abhängen muß, ist selbstverständlich keine sichtbare Wirkung vor völligem Erwachsensein zu bemerken. In Praxi sehen wir also, daß die erblichen Eigentümlichkeiten, die unsere domestizierten Rassen auszeichnen und auf die Keimzelle zurückzuführen sind, in ihrem vollen Charakter selten auf frühen Lebensstufen in Erscheinung treten – so z. B. obwohl zwei Rinderrassen einigermaßen verschiedene Kälber haben, so erscheinen diese als Kälber nicht so verschieden –, Windhund und Bulldogg. Und dies entspricht auch dem, was wir erwarten dürfen, denn der Mensch ist gleichgültig gegen die Eigenschaften junger Tiere, er sucht sich vielmehr diejenigen ausgewachsenen Tiere aus, welche die ihm wünschenswerten Eigenschaften besitzen. So daß wir schon daraus ableiten dürfen, daß die Charaktere derart sind, daß sie erst im reifen Alter in volle Erscheinung treten. Ferner dürfen wir es als tion arbeitet an den leichten Veränderungen, die zu irgendeiner Zeit während (. . .) des Lebens auftreten.

Die geringen Utnerschiede, die die Vertreter verschiedener Gruppen während ihres Fötallebens zeigen, können offenbar nur von diesen Gesichtspunkten aus verstanden werden – wie sonderbar wäre es sonst, daß ein Pferd, ein Mensch zu irgendeiner Zeit seines Lebens Arterien haben sollte, die wir nur für einen Fisch als zweckmäßig erkennen können! Das natürliche System ist der Theorie nach genealogisch, und deswegen sehen wir sofort, warum der Fötus, indem er Spuren der anzestralen Form bewahrt, von größtem Wert bei der Klassifikation ist.

Gesetz betrachten, daß, auf welcher Lebensstufe auch eine Eigenschaft – sie möge von der Keimzelle oder als Wirkung äußerer Verhältnisse herrühren – auftritt, sie im Nachkommen auf der entsprechenden in Erscheinung tritt ⟨(s. *Origin*, Ed. I., S. 444)⟩. So erzeugen Leute mit Alterskrankheiten Kinder, die auch später an Alterskrankheiten leiden werden – frühe Reife – Langlebigkeit – alte Männer, Brüder, leiden an derselben Krankheit – junge Kinder derselben dtto. Ich sagte: Mensch wählt nicht nach Qualität der Jungen – Kälber von großen Stieren. Seidenwürmer, Eigenheiten, die im Raupen- oder Kokonstadium erscheinen, werden an das entsprechende Stadium übertragen. Wirkung würde sein, daß, falls eine Eigentümlichkeit bei einem jungen Tiere vorhanden wäre, aber nie ausgeübt würde, sie an das neue Junge vererbt werden könnte; würde sie sehr ausgeübt, so würde jener Teil des Körpers nach solcher Trainierung verstärkt und in der entsprechenden Lebensperiode weiter vererbt werden. Ich habe gesagt, daß der Mensch an dem ausgewachsenen Tier Auslese übt, ebenso tut es die Natur. Beim Kampf ums Dasein bedeutet es wenig für das katzenartige Tier, ob ein Kätzchen ausgesprochenen Katzencharakter zeigt, wenn es nur saugt. Daher setzt die natürliche Zuchtwahl in bezug auf einen Charakter des erwachsenen Tiers auch an dem erwachsenen Tiere ein. Die Zuchtwahl wird nicht tendieren, den Charakter des Fötus zu ändern (es sei denn sein Verhältnis zur Mutter), auch wenig tendieren, die jungen Lebensstufen zu ändern (mit Ausnahme des Larvenzustands), aber beim ausgewachsenen Tier kann sie jeden Teil verändern. Betrachte einerseits einen Fötus und seine Eltern, und wieder nach Ablauf langer Zeiträume die Abkömmlinge dieser, wiederum einen Fötus und seine Eltern. Die Eltern haben dann viel stärker variiert als der Fötus, dies erklärt alles.

§ 9. Abortive Organe

Es gibt noch eine Gruppe von Tatsachen, und zwar beziehen sich diese auf das, was wir als rudimentäre Organe bezeichnen. Diese sind solche, die unser logischer Verstand, der uns darauf hinweist, wie wundervoll Organe in manchen Fällen einem gewissen Zweck angepaßt sind, in anderen Fällen als vollständig zwecklos erklärt. So Zähne von Rhinozeros[117]), Wal, Narwal – Knochen an der Tibia, Muskeln, die sich nicht bewegen – kleine Flügelknochen von Apteryx – rudimentäre Extremitäten – Knochen bei gewissen Schlangen, – kleine Flügel innerhalb der verlöteten Flügeldecken der Käfer, – Brustwarzen beim Mann und beim Bullen – Staubfäden ohne Antheren bei Pflanzen, bloße Schuppen statt Blumenblättern bei anderen, bei Federhyazinthe ganze Blume. Fast zahllose Beispiele. Niemand kann ohne Erstaunen über diese Erscheinung nachdenken, denn kann etwas klarer sein, als daß Flügel zum Fliegen und Zähne zum Beißen da sind, und doch finden wir diese Organe in jeder Einzelheit vollkommen ausgebildet in Situationen, wo es absolut unmöglich ist, daß sie ihrem normalen Zwecke dienen.[118])

Der Namen rudimentäres abortives Organ ist jenen Bildungen, die ebenso stabil[119]) wie andere Teile, wegen ihrer absoluten Ähnlichkeit mit monströsen Fällen verliehen worden, wo aus Zufall gewisse Organe nicht entwickelt worden sind, wie z. B. Kind ohne Arme oder Finger und mit bloß einem Stumpf an deren Stelle; Zähne, die durch bloße Ossifikationspunkte vertreten sind; Kinder ohne Kopf, bloß mit einer Art Knopf, – Eingeweide vertreten durch kleine amorphe Massen usw., Schwanz ersetzt durch bloßen Stummel – ein festes Horn durch ein kleines hängendes.[120]) Bei

[117]) Einige dieser Beispiele finden wir auch in *Origin*, Ed. I., S. 450–51, Ed. VI., S. 619–20.

[118]) Die beiden folgenden Sätze sind, der eine am Rand, der andere quer über die Seite geschrieben. »Rudimentäre Organe außerordentlich nützlich für Klassifikation. Embryonaler Zustand der Organe. Rudimente von Organen.«

[119]) Ich denke, daß hiermit gemeint ist, daß rudimentäre Organe im Gegensatz zu Monstrositäten spezifische Charaktere darstellen.

[120]) Kleine, hängende Hörner sind in *Origin*, Ed. I., S. 454, Ed. VI., S. 625 erwähnt, wo von ihrem Auftreten bei hornlosen Rinderrassen die Rede ist.

allen diesen Fällen besteht, falls das Tier am Leben bleibt, eine Tendenz, solche Bildungen zu vererben. Wir bemerken dies bei schwanzlosen Katzen und Hunden. Bei Pflanzen sehen wir dies in schlagendster Weise – bei *Thymus*, bei *Linum flavum*, – Stengel bei *Geranium pyrenaicum*.[121]) Nektarien verwandelten sich bei *Aquilegia* aus irgendeinem Zufall in Blumenblätter und wurden dann erblich, in einigen Fällen nur durch Knospenfortpflanzung, in anderen durch Samen. Diese Fälle sind plötzlich durch Zufall in jugendlichem Wachstum entstanden, aber es ist Teil des Wachstumsgesetzes, daß, wenn irgendein Organ nicht gebraucht wird, es dazu neigt, kleiner zu werden (Entenflügel)[122]), Muskeln des Hundeohrs und der Kaninchen, Muskeln können dahinwelken, Arterien können erstehen. Wenn Augen fehlerhaft zur Welt kommen, atrophiert der optische Nerv (Tuco Tuco). Da jeder Körperteil, ob nützlich oder nicht (Krankheiten, gefüllte Blumen) tendiert, auf die Nachkommen übertragen zu werden, läßt sich der Ursprung rudimentärer Organe, ob sie nun bei der Geburt entstanden oder langsam erworben wurden, bei den domestizierten Rassen der Organismen leicht verstehen: Es wird immer ein Kampf bestehen zwischen der Atrophie eines nutzlos gewordenen Organs und Vererbung.[123]) Es wäre nicht richtig als absolut bewiesen anzunehmen, daß alle rudimentären Organe denselben Ursprung haben, weil wir ihren Ursprung in gewissen Fällen kennen, doch spricht die stärkste Analogie allerdings zugunsten dieser Annahme. Wir können so durch unsere Theorie die Tatsache, die, von andern Gesichtspunkten betrachtet, so verwunderlich erscheint, leicht erklären, nämlich, daß Organe, die eventuell zwecklos sind, mit ebenso auserlesener Sorgfalt gestaltet erscheinen, als wenn sie von vitaler Bedeutung wären.

Unsere Theorie, möchte ich sagen, erlaubt einem Organ, abortiv zu werden in Beziehung auf seinen primären Zweck und irgendeinem anderen Zwecke zugewandt zu werden (wie

[121]) *Linum flavum* ist dimorph, *Thymus* gynodiözisch. Es ist nicht klar, auf welchen Punkt bei Erwähnung von *Geranium pyrenaicum* hingewiesen werden soll.

[122]) Ch. Darwins Arbeit über Entenflügel etc. befindet sich in *Var. under Dom.*, Ed. 2, I., S. 299.

[123]) Nach »nutzlos« sind die Worte »vis medicatrix« eingeschaltet, wahrscheinlich als Memorandum.

die Blüten eines Blumenkohls), daher ersehen wir keine Absonderlichkeit in der Tatsache, daß die Knochen männlicher Marsupialier als Stütze für Muskeln dienen, oder in der Funktion des Griffels der Calendula[124]) – ja von einem gewissen Standpunkte aus könnte man sagen, daß die Köpfe von Tieren abortive Wirbel seien, die einem anderen Zwecke zugewandt worden sind: die Beine mancher Crustaceen abortive Kiefer usw. usw. De Candolles Analogie von dem mit Schüsseln besetzten Tisch.[125])

⟨Möglicherweise waren die folgenden Sätze zur Einschaltung an dieser Stelle bestimmt.⟩ Degradation und Komplikation siehe Lamarck: keine Tendenz zur Vervollkommnung: falls Platz, würde höherer Organismus mehr Macht haben, die schwächere könnte man sagen, daß sie zu einem allmählichen Verschwinden verurteilt sind.

§ 10. Zusammenfassung und Schlußfolgerungen

Rekapitulieren wir diese letzten Abschnitte, indem wir uns den Fall der drei Spezies von Rhinozeros betrachten, wie sie Java, Sumatra und das Festland von Malakka oder Indien bewohnen. Wir sehen hier drei dicht benachbarte Tierarten, Bewohner getrennter, jedoch dicht beieinander gelegener

[124]) Bei den männlichen Einzelblüten gewisser Kompositen funktioniert der Griffel lediglich als Piston, um den Pollen herauszutreiben.

[125]) Auf der Rückseite des Blattes steht folgendes: »Falls rudimentäre Organe eine durch erbliche Tendenz erhaltene Spur solcher Organe sind, die einem Vorfahren von Nutzen waren, ist es sofort klar, warum sie wichtig in der Klassifikation, auch warum deutlicher bei jugendlichem Tier; dies ist, weil, wie im letzten Abschnitt gesagt, die Selektion das ältere Tier am meisten verändert. Ich wiederhole, daß diese wundersamen Tatsachen von Körperteilen, die zu keinem ersichtlichen Nutzen in Vergangenheit und Gegenwart geschaffen wurden, durch meine Theorie einfache Erklärung finden; oder sie finden keine und wir müssen uns mit irgendwelchem leeren Vergleich begnügen, sowie mit dem De Candolles, der die Schöpfung mit einem schön gedeckten Tisch vergleicht und sagt, man könne die rudimentären Organe mit Schüsseln (manche davon leer) vergleichen, die aus Gründen der Symmetrie aufgestellt worden seien!«

Distrikte, und zwar ist das Aussehen dieser Gruppe von den Rhinozeros Afrikas deutlich verschieden, obwohl einige der letzteren sehr ähnliche Gegenden bewohnen, andere dagegen ganz verschiedenartige Aufenthaltsorte haben. Wir finden sie in ihrem Bau aufs engste verwandt mit denjenigen Rhinozeros, die seit undenklichen Zeiten eben diese eine von den drei zoologischen Hauptabteilungen der Welt bewohnt haben. Indessen waren einige von jenen ehemaligen Tieren sehr verschiedenen Wohnorten angepaßt: wir finden, daß unsere drei Spezies alle den Gattungscharakter des Rhinozeros aufweisen, welche ein Stück Netz[126]) eine Reihe von Gliedern aus der zerrissenen Kette darstellten, als die wir uns die Pachydermen vorzustellen haben, einer Kette, die wiederum einen Teil anderer und längerer Ketten ausmacht. Wir ersehen dies aufs klarste, wenn wir das plumpe Bein der drei sezieren und dabei fast dieselben Knochen wie im Flügel der Fledermaus oder in der menschlichen Extremität entdecken; deutlich finden wir an der soliden Tibia die Stelle markiert, wo die Fibula mit ihr verwachsen ist. Bei allen dreien sehen wir, wie der Kopf aus drei umgebildeten Wirbeln entstanden ist; so kurz der Hals ist, enthält er doch dieselben Knochen wie der der Giraffe. Im Oberkiefer sämtlicher drei Spezies finden wir kleine Zähne ähnlich wie Kaninchenzähne. Wenn wir diese Arten im Fötalzustand sezieren, so finden wir, daß auf einem nicht einmal sehr frühen Stadium ihre Form genau derjenigen der verschiedenartigsten anderen Tiere gleicht, ja die Arterien verlaufen genau wie beim Fisch; und diese Ähnlichkeit besteht, gleichviel ob nun das Junge im Uterus oder im Teich, als einzelnes Ei oder im Laich erzeugt wird. Nun sind diese, zweifellos unterschiedenen drei Arten einander fast so ähnlich wie verschiedene Rinderrassen und wahrscheinlich denselben ansteckenden Krankheiten unterworfen; falls domestiziert, würden diese Formen variieren, eventuell gepaart werden können und zu einem von ihren ursprünglichen Formen abweichenden Etwas[127]) verschmelzen; sie könnten dann

[126]) Der Verfasser meinte hiermit zweifellos, daß die komplizierte Verwandtschaft zwischen den Organismen sich ungefähr mit einem Netz vergleichen läßt, als dessen Knoten man die Spezies anzusehen hätte.

[127]) Zwischen den Zeilen steht noch »eine Form verloren gehen –«.

durch Zuchtwahl dahin gebracht werden, verschiedenen Zwecken zu dienen.

Nun ist der Schöpfungsgläubige der Meinung, diese drei Rhinozeros seien mit ihrem nur trügerischen Anschein echter Verwandtschaft jedes für sich erschaffen worden[128]); ebensogut könnte ich glauben, daß die Planeten in ihren gegenwärtigen Bahnen nicht auf Grund des Gravitationsgesetzes, sondern infolge eines ausdrücklichen Willensakts des Schöpfers kreisten.

Wenn wir zugeben, daß echte Arten, die unter sich unfruchtbar sind, die eigentümliche Anpassungen zeigen, die gegenwärtig verschiedene Länder bewohnen, die verschiedenen Körperbau und verschiedene Instinkte besitzen, einen gemeinsamen Ursprung haben, so können wir billigerweise erst da Halt machen, wo unser Tatsachenmaterial aufhört. Wir sehen, wie weit in gewissen Fällen eine Kette von Arten uns führen kann. ⟨Dies bezieht sich wahrscheinlich auf die Crustaceen, wo die beiden Enden der Serie »kaum eine gemeinsame Eigenschaft besitzen«. *Origin,* Ed. I, S. 419.⟩ Können wir nicht (eingedenk der ausgedehnten Vernichtung und der Unvollkommenheit geologischer Urkunden) von einer Untergattung zu einer anderen Untergattung springen. Können Gattungen uns aufhalten. Viele der gleichen Argumente, die uns bewogen, Arten preiszugeben, fordern unerbittlich das Fallen von Gattungen und Familien und das Wanken von Klassen. Wir sollten erst da Halt machen, wo die klare Einheit des Typs, unabhängig von Zweck und Anpassung aufhört.

Ich muß daran erinnern, daß kein Naturforscher sich darauf einlassen wird, eine Spezies nur nach ihrem äußeren Charakter zu definieren; bei vielen Gattungen ist die Unterscheidung ganz willkürlich.[129]) Aber es gibt noch einen ande-

---

[128]) Der Originalsatz ist hier unterbrochen durch folgende Einschaltung »aus dem Staub von Java, Sumatra, ⟨?⟩ diese mit vergangenem und gegenwärtigem Zeitalter verknüpft und ⟨unleserlich⟩ mit dem Stempel der Nutzlosigkeit in einigen und der Umwandlung in anderen Organen«.

[129]) Zwischen den Zeilen die Worte »Spezies variieren nach denselben Gesetzen wie Varietäten; ebenso kreuzen sie nach denselben Gesetzen«.

ren Weg, Spezies von Rassen zu unterscheiden; das ist durch den Vergleich der Wirkung des Kreuzens. Wäre es nicht wunderbar, wenn durch die Vereinigung von zwei Organismen, die aus zwei gesonderten Schöpfungsakten hervorgegangen sind, deren beider Charaktere nach denselben Regeln verschmelzen würden, wie dies bei zwei Rassen, die offensichtlich von ein und demselben elterlichen Stamme hervorgegangen sind, der Fall ist; und doch lassen sich solche Tatsachen anführen. Denn Unfruchtbarkeit ist, wenn auch eine häufige, doch keine unweigerliche Begleiterscheinung, auch ist sie graduell sehr verschieden, und man hat beobachtet, daß sie wahrscheinlich von Ursachen abhängig ist, die denen analog sind, welche die Unfruchtbarkeit domestizierter Organismen veranlassen. Abgesehen von der Sterilität gibt es keinen Unterschied zwischen Kreuzungen von Arten und Kreuzungen von Varietäten, wie durch eine lange Reihe von Tatsachen bewiesen werden kann. Sehr schlagend tritt dies in Erscheinung bei den Instinkten, in den Fällen, wo die geistigen Eigenschaften zweier Arten oder Rassen zur Verschmelzung gelangen.[130]) In beiden Fällen geht, wenn das Halbblut einige Generationen hindurch mit einem von den beiden Eltern gekreuzt wird, jede Spur der anderen elterlichen Form verloren (s. Koelreuter an zwei Tabakarten, die zusammen beinahe steril waren), so daß der Schöpfungsgläubige in diesem Fall annehmen muß, daß ein Schöpfungsakt von einem anderen absorbiert worden ist!

Schluß

Dies sind meine Gründe zu der Annahme, daß spezifische Formen nicht unveränderlich sind. Die Verwandtschaft verschiedener Gruppen, die strukturelle Einheit der Typen, die repräsentativen Formen, durch welche der Fötus hindurchgeht, die Metamorphose gewisser Organe, das Rudimentärwerden anderer, alle diese Dinge werden, über ihren bisherigen Gebrauch als bildliche Darstellungsweise hinaus, zu

---

[130]) »Eine Kreuzung mit einem Bulldogg hat auf viele Generationen hinaus den Mut und die Hartnäckigkeit von Windhunden beeinflußt.« *Origin*, Ed. I., S. 214, Ed. VI., S. 327.

verständlichen Tatsachen. Wir schauen nicht mehr auf ein Tier wie ein Wilder auf ein Schiff[131]) oder irgendein großes Kunstwerk, in welchem er ein über sein Verständnis hinausgehendes Ding erblickt; dafür aber fühlen wir ein ganz neues Interesse in seiner Erforschung. Wie interessant wird jeder Instinkt, sobald wir seinem Ursprung nachforschen, ob er eine ererbte oder angeborene Gewohnheit oder ob er entstanden ist durch eine Zuchtwahl von Individuen, die leicht von ihren Eltern abwichen. Wir müssen jedoch jeden komplizierten Mechanismus und Instinkt als die Summe einer langen Vorgeschichte betrachten, als die Anhäufung[132]) nützlicher Vorrichtungen, sehr ähnlich wie die Vervollkommnung eines technischen Werkes sich vollzieht. Wie interessant wird nun die Verbreitung sämtlicher Tiere, indem sie die Geographie älterer Zeitalter in ein helles Licht rückt. Die Geologie verliert an Nimbus durch die Unvollkommenheit ihrer Archive[133]), aber wie sehr gewinnt sie andererseits durch das Ungeheuere ihrer Formationsperioden und der Lücken, welche diese Formationen voneinander trennen. Es liegt viel Größe darin, die jetzt existierenden Tiere entweder als die gradlinigen Abkömmlinge von Formen, die unter tausend Fuß Erde begraben liegen oder als die Miterben eines noch älteren Vorfahren anzusehen. Es stimmt mit den Gesetzen, die nach unserer Kenntnis durch den Schöpfer der Materie eingeprägt worden sind, überein, daß die Erschaffung und Vertilgung von Formen, ebenso wie Geburt und Tod der Individuen als die Wirkung sekundärer Mittel[134]) aufzufassen sind. Es ist entwürdigend, daß der Schöpfer endloser Weltensysteme einen jeglichen von den Myriaden kriechender Parasiten und Würmer einzeln geschaffen haben soll, von denen es an jedem einzigen Tag zu Land und zu Wasser auf dieser unserer Erde gewimmelt hat. Wir hören auf, uns zu wundern, – so sehr wir

[131]) Der Vergleich mit dem Wilden und dem Schiff findet sich auch in *Origin*, Ed. I., S. 485, Ed. VI., S. 665.

[132]) In *Origin*, Ed. I., S. 486, Ed. VI., S. 665 spricht der Autor von einer Summierung vieler Vorrichtungen, ich habe deshalb auch hier diese Ausdrücke eingeschaltet, welche den Sinn des Satzes klarer gestalten. In *Origin* gebraucht Darwin als Vergleich eine »große mechanische Erfindung«, nicht wie hier ein »Kunstwerk«.

[133]) S. eine ähnliche Stelle in *Origin*, Ed. I., S. 487, Ed. VI., S. 667.

[134]) S. *Origin*, Ed. I., S. 488, Ed. VI., S. 668.

es beklagen mögen –, daß eine Gruppe von Tieren direkt dazu geschaffen wurde, ihre Eier in die Eingeweide und das Fleisch anderer Tiere zu legen, – daß gewisse Organismen in Grausamkeit schwelgen, – daß Tiere sich durch falsche Instinkte irreführen lassen, und daß jährlich ein unberechenbarer Verlust an Eiern und Pollen stattfindet. Aus Tod, Hungersnot, Raub und dem verborgenen Kampf in der Natur ist, wie wir jetzt sehen, gerade die höchste Leistung, die wir uns vorstellen können, die Erschaffung der höheren Tiere, direkt hervorgegangen. Zweifellos übersteigt es zunächst unser bescheidenes Fassungsvermögen, uns Gesetze vorzustellen, welche die Fähigkeit besitzen, individuelle Organismen zu erschaffen, von denen jeder durch meisterhafte Herstellung und weitestgehende Anpassung charakterisiert ist. Es verträgt sich allerdings besser mit der Beschränktheit unserer Fassungskraft, anzunehmen, daß jeder Organismus des »Werde« eines Schöpfers bedürfe, doch in demselben Verhältnis würde auch die Existenz entsprechender Gesetze unsere Vorstellung von der Macht eines allwissenden Schöpfers steigern.[135]) Es liegt eine einfache Größe in der Anschauung, daß das Leben mit seiner Wachstums-, Assimilations- und Reproduktionsfähigkeit ursprünglich in eine oder einige wenige Formen der Materie hineingehaucht worden ist, und daß, während dieser unser Planet nach festen Ge-

[135]) Die folgende Auseinandersetzung befindet sich, zugleich mit einigen Notizen, auf der letzten Seite des Manuskripts: »Der angenommene schöpferische Geist schafft weder Zahl noch Art, die der Analogie nach an den Wohnort angepaßt sind (s. Neuseeland): er erhält sie auch nicht in dauernde Anpassung an irgendein Land, – er arbeitet an Schöpfungs-Punkten oder Gebieten, – ist nicht konsequent auf lange Perioden, – er erzeugt Formen der gleichen Gruppe in denselben Regionen, ohne physische Ähnlichkeit, – er erzeugt auf Inseln oder Berggipfeln Arten, die den benachbarten verwandt sind, nicht aber der alpinen Natur, wie sie sich auf andern Berggipfeln präsentiert – sogar verschieden auf verschiedenen Inseln eines gleichartig geformten Archipels; – er schafft nicht dasselbe in zwei verschiedenen Gegenden: niemals Säugetiere erschaffen auf kleiner isolierter Insel; ebensowenig die Zahl der Organismen an die Lokalität angepaßt. Seine Macht erscheint beeinflußt oder doch in Beziehung gesetzt zur Ausbreitung anderer, völlig getrennter Spezies derselben Gattung, – er scheint nicht gleich stark verändernd auf alle Gruppen derselben Klasse einzuwirken.

setzen seine Kreisbahn durchlief und Land und Meere in einem Zyklus von Wechseln ihre Stellung vertauschten, daß, während dies alles vor sich ging aus einem so einfachen Ursprung durch den Prozeß allmählicher Auslese unendlicher Veränderungen, zahllose äußerst schöne und äußerst wunderbare Formen sich entwickelt haben.[136])

N. B. Irgendwo müßte eine Diskussion über Lyell eingefügt werden, um zu zeigen, daß sich die äußeren Bedingungen in der Tat verändern, oder eine Notiz über Lyells Werk.

Neben anderen Schwierigkeiten im II. Teil die Nicht-Akklimatisation der Pflanzen. Schwierigkeiten gegenüber der Frage: w i e erklärt sich das Hervorgehen des Weißen und des Negers aus gemeinsamem mittleren Stamm: Keine Tatsachen. Wir wissen nicht, daß Spezies unveränderlich sind, im Gegenteil. Welche Argumente gibt es gegen meine Theorie, außer daß wir nicht jeden einzelnen Schritt wahrnehmen, ebenso wie bei der Erosion von Tälern.[137])

---

[136]) Diese Stelle ist der Vorfahre der Schlußworte der ersten Ausgabe der *Origin of Species,* die durch die folgenden Ausgaben hindurch im wesentlichen unverändert geblieben sind. »Es liegt eine Größe in der Anschauung, daß das Leben mit seinen verschiedenartigen Kräften ursprünglich nur wenigen oder nur einer einzigen Form eingehaucht worden ist; und daß, während unser Planet nach den festen Gesetzen der Schwerkraft seine Kreisbahn durchlief, aus so einfachem Anfang eine endlose Reihe der schönsten und wundervollsten Formen sich entwickelt hat und noch immer entwickelt.« In der zweiten Auflage ist hinter »ursprünglich« eingefügt »durch den Schöpfer«.

[137]) Vgl. *Origin,* Ed. I., S. 481, Ed. VI., S. 659. Die Schwierigkeit ist dieselbe, wie die, welche von so vielen Geologen empfunden wurde, als Lyell behauptete, daß lange Striche von im Binnenland gelegenen Klippen durch die allmähliche Tätigkeit der Brandung entstanden und tiefe Täler auf ebendieselbe Weise ausgehöhlt worden seien.

»Geist und Psyche«
Kindlers Akademische Taschenbuchreihe

(2001)	Anna Freud	Das Ich und die Abwehrmechanismen
(2002)	Karen Horney	Der neurotische Mensch unserer Zeit
(2003)	René Allendy	Die Liebe
(2004)	Viktor von Weizsäcker	Natur und Geist
(2005)	Erich Neumann	Tiefenpsychologie und neue Ethik
(2010)	C. G. Jung	Welt der Psyche
(2012/13)	Theodor Reik	Geschlecht und Liebe
(2016)	Wilhelm Bitter	Magie und Wunder in der Heilkunde
(2019/20)	Albert Görres	Methode und Erfahrungen der Psychoanalyse
(2021)	Eduard Naegeli	Das Böse und das Strafrecht
(2029)	Franziska Baumgarten	Beratung in Lebenskonflikten
(2030)	Hans Driesch	Parapsychologie
(2031)	Gustav R. Heyer	Praktische Seelenheilkunde
(2032)	August Mayer	Reifungsprobleme im Leben der Frau
(2033)	Alphonse Maeder	Wege zur seelischen Heilung
(2034)	Fritz Stirnimann	Psychologie des neugeborenen Kindes
(2035)	Poul Bjerre	Unruhe, Zwang, Angst
(2036/37)	Gustav R. Heyer	Der Organismus der Seele
(2038/39)	Erich Stern	Lebenskonflikte als Krankheitsursachen
(2040/41)	Georg Groddeck	Das Buch vom Es
(2042/43)	Erich Neumann	Ursprungsgeschichte des Bewußtseins
(2044)	Hermann Rorschach	Ausgewählte Aufsätze
(2045)	Wilhelm Bitter	Angst und Schuld in theologischer und psychotherapeutischer Sicht

7 - 1 - 4 - 9 - 1